四部要籍選刊 · 經部
蔣鵬翔 主編

阮刻周禮注疏

四

〔清〕阮元 校刻

浙江大學出版社

本册目録

卷十五

卷十六

附釋音周禮注疏卷第十五

鄭氏注　賈公彥疏

質人掌成市之貨賄人民牛馬兵器珍異成平也會者平物賈而來主成其平也人民奴婢也珍異四時食物〔疏〕質人至珍異○釋曰此質人若今市平準故掌成平市之貨賄已下之事○注成平至食物○釋曰云會者平物賈而來主成其平也者會謂古人會聚買賣止爲平物而來質人主爲平定之則有常估不得妄爲貴賤也此知人民奴婢也者以其在市平定其賈故知非良人是奴婢也云珍異四時食物者見下廛人云凡珍異之有滯者斂而入于膳府即果實及諸食物依四時成熟者也

凡賣儥者質劑焉大市以質小市以劑鄭司農云質劑月平賈也質大賈劑小賈玄謂質劑者爲之券藏之也大市人民馬牛之屬用長券小市兵器珍異之物用短券○長如字〔疏〕注鄭司至短券○釋曰先鄭以質劑爲月平大小賈若今市估文書先鄭注小宰聽賣買以質劑亦如此解後鄭以爲券

書者上文成市之貨賄之等已是市平文書則此經云大市以質小市以劑及小宰云聽賣買以質劑文勢不得爲月平故以劵書可知也玄謂大市人民馬牛已下鄭以意分之爲大小就大者而言若人民則未成亂已下牛馬未著齒已前亦得爲小者也

掌稽市之書契同其度量壹其淳制巡而攷之犯禁者舉而罰之

稽猶考也治也書契取予市物之劵也其劵之象書兩札刻其側杜子春云淳當爲純純謂幅廣制謂匹長也皆當中度量玄謂淳讀如淳尸盥之淳○其淳音准廣光曠反長直亮反中丁仲反淳尸劉章純反下同

疏 注稽猶至之淳○釋曰云稽猶考也治也者并取治質劑并解之故兼云治也書契取予市物之劵者并案小宰職云聽取予以書契經既云書契故知與彼同并上質劑之市買者也云其劵之象書兩札刻其側者小宰注云兩書一札同而別之云刻其側若今畫指也杜子春云淳當爲純純謂幅廣制謂匹長也者即丈八尺後鄭從之後鄭不從杜子春純者純止可爲絲緇不得爲幅廣狹故讀從士虞禮淳尸盥之淳故內宰注依巡守禮淳四咫鄭荅志咫八寸四當爲三三咫謂二尺四寸也

凡治質劑者國

中一旬郊二旬野三旬都三月邦國朞期內聽期外不聽謂齎券契者來訟也以期內來則治之後期則不治所以絕民之好訟且息文書也郊遠郊也野甸稍也都小都大都○釋○朞如字本或作朞同好呼報反疏注謂齎至大都○釋曰云謂齎券契者來訟也者云此經揔上質劑與書契來訴者知郊是遠郊者以其內有國中外云野野遠郊之外明知郊是遠郊也知野是甸稍者郊外曰野是大揔之言下有都都是四百五百里明此是二百里甸三百里稍可知又知都中含大都小都者此質人揔聽畿外明此都兼大小二都可知

廛人掌斂市絘布總布質布罰布廛布而入于泉府布泉也鄭司農云絘布列肆之稅布杜子春云總當爲儳謂無肆立持者之稅也玄謂總讀如租稯之稯稯布謂守斗斛銓衡者之稅也質布者質人之所罰犯質劑者之泉也罰布者犯市令者之泉也廛布者貨賄諸物邸舍之稅○絘音次本或作次總劉依杜音儳鄭音揔儳音讒稯音揔疏注布泉至之稅○釋曰知布泉一物

者此布皆入泉府故知泉布一也是以外府云掌布注云取其水泉流通無不徧也先鄭云欲布列肆之稅布者謂在行肆坐賣物之常稅也杜子春云總當爲儳謂無肆立持者之稅也者後鄭不從爲守斗斛銓衡者之稅也者此經廛人掌依行肆者故不得爲無肆立持故破從祖穗之穗穗布是守斗斛銓衡之稅下肆長云斂其總布是無肆立持故注從子春總當爲儳也云質布者質人所罰犯質劑者之泉也者謂犯質劑違券書罰泉也云罰布者犯市令者之泉也者謂司市有教令其人犯之使出泉云廛布者貨賄諸物邸舍之稅者謂在行肆官有邸舍人有置物於中使之出稅故云廛布也

凡屠者斂其皮角筋骨入于玉府以當稅給作器物也其無皮角及筋骨不中用亦稅之

疏 凡屠至玉府○釋曰云屠者謂屠殺豕羊之類其人亦有地稅因其屠即取皮角筋骨堪飾器物者使入王府也○注以當至稅之○釋曰知以當稅者謂若山虞澤虞之等所出稅皆云以當邦賦邦賦即地稅稅之類是也云無皮角及筋骨不中用亦稅之謂若羊牛有皮角及筋骨其豕則無之類是不中用亦使出物之稅以當邦賦之處

凡珍異之有滯者斂而入于膳府

故書滯或作廛鄭司農云謂滯貨不售者官爲居之貨物沈滯於廛中不決民待其直以給喪疾而不可售買賤者也廛謂市中之地未有肆而可居以畜藏貨物者也孟子曰市廛而不征法而不廛則天下之商皆說而願藏於其市矣謂貨物諸藏於市中而不租稅也故曰廛而不征其有貨物久滯於廛而不售者官以法爲居取之故曰法而不廛玄謂滯讀如沈滯之滯珍異四時食物也不售而在廛久則將瘦臞腐敗爲買之入膳夫之府所以紓民事而官不失實○官爲于僞反下同畜勅六反說音悅賭知呂反本或作貯又作褚皆同藏如字劉本作葬音同瘦本又作膄所又反臞其俱反又作臞音稍紓音紓劉常汝反

【疏】凡珍至膳府○釋曰云凡珍異之有滯者謂四時珍美異味買者遂少沈滯不售者也云斂而入于膳府者謂官以泉府之財買取之入於膳夫之府以供官食○注故書至失實○釋曰先鄭云謂滯貨不售者官爲居之經直爲珍異非貨物先鄭以貨物解之故後鄭不從也先鄭又云廛謂市中之地未有肆而可居以畜藏貨物者但廛雖非肆是官之邸舍不得爲空地故後鄭不從引孟子市廛而不征者周則廛有征上文廛布是也云不征者非周法又云法而不廛則與此經同故先鄭引之後鄭增成其義也云久則將瘦臞腐敗者考工記梓人云大胷

臞後臞是細小之義故云

瘦臞腐敗是以爲買之

胥師各掌其次之政令而平其貨賄憲刑禁焉

憲長。縣之 疏 胥師至禁焉○釋曰案序官云胥師二十肆

○縣音玄 則一人故云各掌其次之政令云憲刑禁焉

者刑謂市中之刑憲徇扑禁謂市中之禁謂。司當時設禁令

非士師五禁也鄭云憲謂表縣之則經憲非爲憲徇扑之憲

察其詐僞飾行價慝者而誅罰之 鄭司農云債賣也慝惡也

謂行且賣姦僞惡物者玄謂飾行價慝謂使人行賣惡物於

市巧飾之令欺誑買者○行下孟反慝他得反巧若教反又

如字令力呈反下文同 疏 注鄭司至買者○釋曰鄭云債賣也者此經云飾行債慝明債爲賣不得爲買上文

每云賣價債不得爲賣故爲買是鄭望文爲義故不定也先

鄭云謂行且賣姦僞惡物以且間之則行是行步之行不爲

行濫之行故後鄭不從以爲行濫解之

聽其小治小訟而斷之 ○治直吏反下之治同斷丁亂反 疏 聽其至斷之○釋曰上司市已云胥師賈師涖於介次而聽小治小訟上摠言之此止當

職故申敘之也

賈師各掌其次之貨賄之治辨其物而均平之展其成而奠其賈然後令市辨別也○賈音古下注賈師同奠音定別彼列反疏賈師至令市○釋曰案序官云賈師二十肆則一人與胥師數同故云各掌其次之貨賄之治也云辨其物而均平之者此與胥師所掌同云展其成而奠其賈者則與胥師異以其知物價故也凡天患禁貴儥者使有恒賈恒常也謂若儲米穀棺木而睹久雨疫病者貴賣之因天災害阨民使之重困○重直用反疏注恒常至重困○釋曰鄭云謂若儲米穀棺木者以其天患無過凶荒札喪故鄭知富人豫儲米穀以擬凶荒豫儲棺木以擬死而睹久雨疫病貴賣之也四時之珍異亦如之薦宗廟之物疏四時至如之○釋曰此珍異亦是富人賤時豫儲而後貴時賣之○注薦宗廟之物釋曰案月令四時有珍異之物皆云先薦寢廟故鄭以爲薦宗廟舉重而言也凡國之賣儥各

帥其屬而嗣掌其月償買也故書賣爲買鄭司農云謂官有所斥令賣賈師帥其屬而更相代直月爲官賣之均(疏)注償買至勞逸○釋曰先鄭云謂官有所斥賣者斥謂指斥出之故鄭注大宰亦云幣餘謂占賣國之斥幣義與此同也云賈師帥其屬而更相代者賈師之下有羣賈亦二肆則一人者使之更互相代也勞逸○更音庚爲官于僞反凡師役會同亦如之(疏)凡師至如之釋曰此亦從行所在當直爲官賣買也

司虣掌憲市之禁令禁其鬬嚻者與其虣亂者出入相陵犯者以屬遊飲食于市者嚻讙也鄭司農云以屬遊飲食羣飲食者○嚻五羔反又許驕反讙音歡(疏)注嚻讙至食者○釋曰此屬遊飲食謂聚而羣遊飲食者禁之若不羣遊則得飲若不可禁則搏而戮之○搏音博下同

司稽掌巡市而察其犯禁者與其不物者而

搏之不物衣服視占不與衆同及所操物不如品式○操七曹反〔疏〕注不物至品式○釋曰案大司徒民當同衣服今有人衣服不與衆人同又視占亦不與衆人同及所操物不如品式此皆違禁之物故搏之也

掌執市之盜賊以徇且刑之○徇辭俊反〔疏〕掌執至刑之○釋曰上司市市中之刑無過憲徇扑附於刑者歸於士此掌執市之盜賊以徇且刑之亦無過小盜徇扑而已故云以徇且刑之若直徇者不必有刑其刑者必徇故徇刑兩言之也

胥各掌其所治之政執鞭度而巡其前掌其坐作出入之禁令襲其不正者作起也坐起禁令當市而不得空守之屬故書襲爲習杜子春云當爲襲謂掩捕其不正者〔疏〕胥各至正者○釋曰案序官胥二肆則一人故亦云各掌其所治之政則一人掌二肆者也云執鞭度而巡其前者此鞭度亦如上文守門者謂以殳爲鞭而量物也○注作起至正者○釋曰杜子春從襲不從古書習者習是習學之習襲是掩襲之義故從襲是以左氏公羊皆有不聲鍾鼓爲

襲是掩其不備也 凡有罪者撻戮而罰之 罰之使出布 疏 注罰之使出布○釋曰此罰布即上廛人職云罰布一也故彼注云罰布者犯市令之布也

肆長各掌其肆之政令陳其貨賄名相近者相遠也實相近者相爾也而平正之 爾亦近也俱是物也使惡者遠善善自相近鄭司農云謂若珠玉之屬俱名爲珠俱名爲玉而賈或百萬或數萬恐農夫愚民見欺故別異令相遠使賈人不得雜亂以欺人○近附近之近遠于萬反注同數色主反令力呈反賈音古 疏 肆長至正之○釋曰此肆長謂一肆立一長使之檢挍一肆之事若今行頭者也○注爾亦至欺人○釋曰云俱是物也者即司農云俱名爲珠俱名爲玉之類是也云使惡者遠善者釋經名相近者相遠也云善自相近者釋經實相近者相爾也先鄭云謂若珠玉之屬已下直釋經名相近者相遠不釋實相近者其義可知故也先鄭雖舉珠玉貴者而餘物亦爾

斂其總布掌其戒禁 杜子春云總當爲儳 疏 注杜子至爲儳○釋曰此肆長各主

一肆故罰其無肆立持之
布故後鄭引而從之也

泉府掌以市之征布斂市之不售貨之滯於。民用者以其賈買之物楬而書之以待不時而買者買者各從其抵都鄙從其主國人郊人從其有司然後予之故書滯爲癉杜子春云癉當爲滯鄭司農云物楬而書之

物物爲揃書書其賈楬著其物也不時買者謂急求者也抵故賈也主者別治大夫也然後予之爲封符信然後予之玄謂抵實柢字柢本也本謂所屬吏主有司是也。○楬音竭抵音帝又都禮反癉音旦又丁在反揃音牋又倉廉反著直略反治直吏反

疏 泉府至予之○釋曰云掌以市之征布者即上廛人斂布已下之布並入泉府而藏之故摠云征布也云各從其抵者抵謂本主所屬之吏乃付之即都鄙從其主國人郊人是也云都鄙者可兼大小都及家邑云國人者謂住在國城之內即六鄉之民也云郊人者即遠郊之外六遂之民也○注故書至司是○釋曰先鄭云抵故賈也

後鄭不從者假令官前買時貴後或賤今依故賈與之即損民故不得依故賈以解抵也先鄭云主者別治大夫也者義或然以其公卿大夫常在王朝其都鄙則遣人治之若季氏費宰公山弗擾之輩天子都鄙蓋亦然先鄭云爲封符信然後予之者封符信謂有符信文書皆封題之計買者得主及有司然後賣不須封信文書但於理無害故後鄭不破之也後鄭破抵從柢者經是抵欺之抵故破從木傍柢柢得爲本義也云本謂所屬吏主有司是者鄭欲解柢與主有司爲一云主有司是也

凡賒者祭祀無過旬日喪紀無過三月

鄭司農云賒貰也以祭祀喪紀故從官貰買物

疏 注鄭司至買物○釋曰先鄭之意以祭祀喪紀二者事大故賒與民不取利

凡民之貸者與其有司辨而授之以國服爲之息

有司其所屬吏也與之別其貸民之物定其賈以與之鄭司農云貸者謂從官借本賈也故有息使民弗利以其所賈之國所出爲息也假令其國出絲絮則以絲絮償其國出絺葛則以絺葛償玄謂以國服爲之息以其於國服事之稅爲息也於國事受園廛之田而貸萬泉者則朞出息五百王莽時民貸以治產業者但計贏所得受

息無過歲什一○之貸音待注不出者同别彼列反貸民音
吐代反本賈音嫁一音古所賈音古令力呈反償時亮反
〔疏〕凡民至之息○釋曰貸者即今之舉物生利與上文不
同云與其有司辨而授之者謂别其所授之物以與之
云以國服爲之息者所出之利各以國服而爲息也○注有
司至什一○釋曰云有司其所屬吏也者此則上文有司一
也若然此經不言都鄙主者有司中兼之故上注亦云本所
屬吏是柢本中兼二者云與之别其貸民之物者但泉府中
所藏之物種類不同欲授民之時先當分别又當定其賈數
以與之先鄭以所賈之國所出爲息已下後鄭不從者凡言
服者服事爲名此經以民之服事唯出稅是也則載師云二
十而一已下是也是以鄭引載師受園廛之田而貸萬泉者
則朞出息五百萬泉出息五百計當二十而取一若然近郊
十一者萬泉朞出息一千遠郊二十而三者萬泉朞出息一
千五百甸稍縣都之民萬泉朞出息二千鄭直云園廛者略
舉以言之也云王莽時民貸以治產業者但計贏所得受息
無過歲什一者此則與周少異周時不計其贏所得多少據
本徵利王莽時雖計本多少爲定及其徵科唯據所贏多少
假令萬泉歲還贏萬泉徵一千贏
五千徵五百餘皆據利徵什一也　凡國之財用取具

焉歲終則會其出入而納其餘會計也納入也入餘於職幣○會古外反後放此〔疏〕凡國至其餘○釋曰云凡國事之財用取具焉者言事謂有司為國家之事與作用財物者皆來向泉府取財為具焉泉府財盡乃於餘府別取焉云歲終則會其出入出謂出府會計用財入謂於廛人斂取絘布己下云納其餘者若國家來取財不盡而有餘則納與天官職幣職幣別出與人故云納其餘也

司門掌授管鍵以啓閉國門鄭司農云鍵讀為蹇管謂籥也鍵謂牡○鍵其展反又其偃反司農音蹇居免反籥羊略反〔疏〕司門至國門○釋曰云掌授管鍵以啓閉國門者謂用管籥以啓門用鍵牡以閉門故雙言以啓閉國門則王城十二門者也○注鄭司至謂牡○釋曰先鄭讀鍵為蹇者欲取其蹇澀之意云管謂籥也者即月令注管籥搏鍵器是也云鍵謂牡者以入為牡容者為牝者若爾雅走曰牝牡也

幾出入不物者正其貨賄凡財物犯禁者舉之不物衣服視占者不與衆同及所操物不如品式者正讀為征征稅也犯禁謂商所不資者舉之沒入官○正音征〔疏〕

注不物至入宮○釋曰鄭知不物是衣服之等者見王制云關執禁以幾禁異服識異言闕人云潛服賊器不入宮奇服怪民不入宮明此司門亦然故鄭以不物衣服之等解之但鄭釋不物之中有三事一者衣服二者占視皆不與衆同三者手所操持不如尋常品式以其特異於人此三者皆須詞問所以也云正讀爲征征稅也者下文云國凶札無關門之征明無凶札之時有征稅故讀從征征稅之字也云犯禁者謂商所不資者商所資者謂若國語云冬資絺夏資縣之類是商所豫資待時而賣者乃不爲犯其商所不資謂非民常用之物則舉之沒入官也**以其財養死政之老與其孤**財所謂門關之委積也死政之老死國事者之父母也孤其子〔疏〕注財所至其子○釋曰云財所謂門關之委積也者即上遺人云門關之委積以養老孤云死政之老死國事者之父母也孤其子者即外饔云邦饗耆老孤子義與此同**祭祀之牛牲繫焉監門養之**監門門徒○繫音計本又作繫監古銜反注同〔疏〕注監門門徒○釋曰牧人六牲至祭前三月則使充人繫而養之若天地宗廟則繫於牢芻之三月若其散祭祀之牲則不在牢遺此監門門徒養之不必三月也**凡**

歲時之門受其餘鄭司農云受祭門之餘〔疏〕凡歲至其餘○釋曰凡歲時之門者歲之四時祭門非一故云凡以摠之若月令秋祭門者是祭廟門此門亦謂國門十二者除四時祭外仍有爲水祈禱故左氏莊公二十五年秋大水有用牲于門之事凡四方之賓客造焉則以告造猶至也告告於王而止客以俟逆○造七到反注同〔疏〕凡四至以告○釋曰謂四方諸侯來朝覲至關關人告王至郊郊人告王至國門門人告王王得告皆遣人往迎故先鄭云止客以俟逆也

司關掌國貨之節以聯門市貨節謂商本所發司市之璽節也自外來者則案其節而書其貨之多少通之國門國門通之司市自內出者司市爲之璽節通之國門國門通之關門參相聯以檢猾商○猾音滑〔疏〕注貨節至猾商○釋曰案下文掌節云貨賄用璽節則璽節主通貨賄若然璽節亦可先從王司市而出鄭令解經璽節先從邦國向內而言者以其司關在境而先云掌國貨之節後云以聯門市是從外向內之言故鄭亦順經先從邦國司市解之也云案其節而書其貨之多少通之國門國門通之司市者將送商人而執節者

別有過所文書若下文節傳當載人年幾及物多少至關至門皆別寫一通入關家門家乃案勘而過其自內出者義亦然云參相連以檢猾商者司市與關及門三處相連恐姦猾商人或以多爲少或隱而不出而避稅故相連以檢括之也其遠郊近郊雖不置官掌之亦應有人幾問但無稅法故不言耳

司貨賄之出入者

掌其治禁與其征廛征廛者貨賄之稅與所止邸舍也關下亦有邸客舍其出布如市之廛○治直吏反

疏司貨至征廛○釋曰司主也主貨賄出入謂上經以聯門市者是也云與其征廛者征謂稅廛謂邸舍二事雙言也○注征廛至之廛○釋曰云關下亦有邸客舍其出布如市之廛者案上文廛人有廛布鄭云廛邸舍此關亦有邸舍商人於關停止則有稅故云如市之廛也

凡貨不出於關者舉其貨罰其人不出於關謂從私道出辟稅者則沒其財而撻其人○辟音避一音芳益反

疏注不出至其人○釋曰注云沒其財者解經舉其貨撻其人者解經罰其人案上憲罰之等皆是撻但舉其貨已是罰物故知罰其人是撻之可知也

凡所達貨賄者則以節傳出

商或取貨於民間無璽節者至關關爲之璽節及傳出

之 之其有璽節亦爲之傳傳如今移過所文書○傳張戀

反注下 【疏】凡所至出之○釋曰此文重釋上國貨之節上

皆同 直云璽節此經兼有傳傳則過所文書○注商

或至文書○釋曰鄭云商或取貨於民間無璽節者至關關

爲之璽節者若本由王市而出則司市爲之璽節商或於民

間者或在郊內關內民間買得物貨不得向司市取璽節故

因向關外則便於關取節而出若在城內民間貨者司關

爲璽節以出之授節 國凶札則無關門之征猶幾

節○者即授傳與之

鄭司農云凶謂凶年饑荒也札謂疾疫死亡也越人謂死爲

札春秋傳曰札瘥天昏無關門之征者出入關門無租稅猶

幾謂無租稅猶苛察不得令姦人出入孟子曰關譏而不征

則天下之行旅皆說而願出於其塗○札側八反又音截瘥

才何反病也苛呼多反又 【疏】國凶至猶幾○釋曰此司關

音何令力呈反說音悅 所掌兼言門者門關同類無

征是同司門既不言故於關并言門也○注鄭司至其塗○

釋曰上注札爲疫病此司農以札爲死則札因病而死義得

兩兼是以引越人謂死爲札也云春秋傳者昭十九年左氏

云鄭駟偃卒其父兄立子瑕子產曰寡君之二三臣札瘥天

昏注云大死曰札小疫曰瘥短折曰夭未名曰昏又洪範云六極一曰凶短折注云未齓曰凶未冠曰短未昏曰折並無正文望經爲說耳引春秋者證札爲大疫也引孟子者案孟子云尊賢使能俊傑在位則天下之士皆說而願立於朝矣市廛而不征法而不廛則天下之商皆說而願藏於市矣關譏而不征則天下之行旅皆說而願出於其塗矣耕者助而不稅則天下之民皆說而願耕於其野矣廛無夫里之布則天下之民皆說而願爲之民矣信能行此五者則鄰國之民仰之如父母矣率其子弟以攻其父母自有生民已來未有能濟者也如是則無敵於天下無敵於天下然而不王者未之有也此陳正法與周異引之者彼正法不征商旅則有說此經有故不征亦所以說民故取一邊爲證也

凡四方之賓客敂關則爲之告

謂朝聘者也敂關猶謁關人也鄭司農說以國語曰周之秩官有之曰敵國賓至關尹以告行理以節逆之○敂音叩苦狗反爲于僞反朝直遙反

【疏】凡四至之告○釋曰敂猶至也畿外諸侯來朝使卿大夫來大聘小聘但至關門皆先謁關人關人北客則奔告王王使小行人逆勞於畿也○注謂朝至逆之○釋曰案小行人云凡諸侯入王則逆勞於畿聘禮使者至謁關人此經亦摠云賓客

敂關則爲之告是以鄭云謂朝聘者也云叩關猶謁關人者猶聘禮。關人也先鄭說以國語曰周之秩官有之者案國語定王使單襄公聘於宋遂假道於陳以聘楚候不出疆司空不視塗單子歸告於王曰陳侯不有大咎國必亡矣又云周之秩官有之曰敵國賓至關。關尹以告行理以節逆之韋昭注云理吏也行理小行人掌國賓客禮以待四方使逆賓客候人爲導卿出郊勞司里授館引之者國語云關尹以告則此經司關爲之告一也云行理以節逆之者證關尹告王王使小行人以節迎之也

有外內之送令則以節傳出內之有送令謂奉貢獻及文書以常事往來環人之職所送迎通賓客來至關則爲之節與傳以通之

〔疏〕有外至內之。釋曰此雙言之云有外之送令者則以節傳內之謂從諸侯之國畿外而入者則關人以節及傳內之至王又云有內之送令則以節傳出之者謂有王命從王國而出則亦以節傳出之送至畿上也。注有送至通之。釋曰案秋官環人職云掌送逆邦國之通賓客以路節達諸四方注云路節旌節也四方圻上與此義同故引以言之

掌節掌守邦節而辨其用以輔王命邦節者珍圭牙璋穀

圭琬圭琰圭也王有命則別其節之用以授使者輔王命者執以行爲信○別彼列反下相別同使所吏反下之使注使節使者同〔疏〕掌節至王命○釋曰此一經論王國之節對下文邦國是諸侯故此王國文單言邦也○注邦節至爲信○釋曰云邦節者珍圭之等皆約典瑞言之案典瑞云珍圭以徵守以恤凶荒牙璋以起軍旅以治兵守穀圭以和難以聘女琬圭以治德以結好琰圭以易行以除慝是其邦節也不數自外璧羨以起度之等以其彼是王國所用非使者之節故不言之云王有命則別其節之用以授使者此釋經而辨其用故典瑞注亦皆云王使之瑞節也

守邦國者用玉節守都鄙者用角節謂諸侯於其國中公卿大夫王子弟於其采邑有命者亦自有節以輔之玉節之制如王爲之以命數爲小大角用犀角其制未聞〔疏〕注謂諸至未聞○釋曰云謂諸侯於其國中者釋經守邦國者用玉節云公卿大夫王子弟於其采邑者釋經守都鄙者用角節畿內公卿大夫亦是畿內之國但對畿外諸侯爲尊故公卿已下言都鄙也云有命者亦自有節以輔之者亦如上文王有命有節以輔之者玉節之制如王爲之以命數爲小大者以邦國與王同稱玉節故知邦國亦有數等之節亦皆以玉爲

之以其諸侯國內亦有徵守好難起軍旅之等故知與王同
知以命數爲小大者以其命圭之等依命數故知亦以九以
七以五爲節也其天子玉節自以大小爲數故琬圭琰圭俱
同九寸穀圭牙璋俱七寸唯有珍圭無文鄭云大小當與琬
琰相依云角用犀角者案釋獸云犀似豕注云角在鼻上犀
角是角中之貴故知不得用玉者當用犀角云其制未聞者
以其邦國之玉節可以約王之玉節都鄙之角節無可依約
旣無舊制故云其制未聞此云都鄙用角節注謂公卿大夫
王子弟於其采邑是都鄙之主案小行人都鄙用管節注謂
公之子弟及卿大夫之采地之吏也故用管節與此不同彼
諸侯采地亦同用管節亦異外內也若天子
公卿大夫采邑之吏下注約入道路用旌節　凡邦國之

使節山國用虎節土國用人節澤國用龍節

皆金也以英蕩輔之　使節使卿大夫聘於天子諸侯
行道所執之信也土平地也山
多虎平地多人澤多龍以金爲節鑄象焉必自以其國所多
者於以相別爲信明也今漢有銅虎符杜子春云蕩當爲帑
謂以函器盛此節或曰英蕩畫函○
蕩如字又吐黨反帑吐黨反盛音成〔疏〕注使節至畫函○釋曰云使節使卿

大夫聘於天子諸侯行道所執之信也者大聘使卿小聘使大夫或於天子或於諸侯故並言之也云土平地也者對山澤非平地也云山多虎者若晉國之類也云平地多人者若衛國之類也云澤多龍者若鄭國之類也云以金爲節鑄象焉者釋經皆金也云必自以其國所多者於以相別爲信明也者山澤與平地人虎龍皆雜有今言山國用虎澤國用龍土國用人皆據多者相別爲信以自明也引漢有銅虎符者證周時節用銅之意也杜子春云蕩當爲帑者音以湯蕩反之今人猶言帑也帑則函故云謂以函器盛此節也云或曰英蕩畫函者其函猶是蕩但以英華有畫義故更云畫函也經云輔之者以函輔此法使不壞損也案昭二十九年公在鄆賜公衍羔裘使獻龍輔於齊侯注龍輔玉名所以輔龍節與此別也

門關用符節貨賄用璽節道路用旌節皆有期以反節

門關司門司關也貨賄者主通貨賄之官謂司市也道路者主治五涂之官謂鄉遂大夫也凡民遠出至於邦國邦國之民若來入由門者司門爲之節由關者司關爲之節其商則司市爲之節其以徵令及家徒則鄉遂大夫爲之節唯時事而行不出關不用節也變司市言貨賄者璽節主以通貨賄貨賄非必由市或

資於民家爲變鄉遂言道路者容公邑及小都大都之吏皆主治五塗亦有民也符節者如今宮中諸官詔符也璽節者今之印章也旌節今使者所擁節是也將送者執此節以送行者皆以道里日時課如今郵行有程矣以防容姦擅有所通也凡節有法式藏於掌節○郵音尤字從垂作御誤

疏 注門關至掌節○釋曰鄭知門關是司門司關者以其人之出入必由門由關而授節者非門關之官不可輒授故知主守門及關者故以司門司關解之也云貨賄者主通貨賄之官謂司市也者以其貨賄所得皆由於市乃得通之於外亦非官不可輒授故知貨賄用璽節必是王之司市也云道路者主治五溝五涂之官謂鄉遂大夫也謂以其授節非官不可言路即遂人徑畛涂道路之涂也鄉之田制與遂同故知旌節是鄉遂大夫所授也云凡民遠出至於邦國邦國之民若來入由門者司門爲之節由關者司關爲之節者據此注凡民出至邦國若宅在國城中先由則司門授之節若宅在關內者則由關司關授之節也若邦國之民來入則先由關司關授之節若然邦國之民入其節直由關不由門亦云由門者因王國之民出由門故摠言之於義無妨也云其商則司市爲之節者此王之掌節而言貨賄用璽節明是王之司市非邦國之司市其實商徒從邦國來即邦國司市

爲節故上司關注云貨節謂商本所發司市之璽節自外來者即案其節是邦國之璽節也云其以徵令及家徙則鄉遂大夫爲之節者若知徵令有節者見鄉大夫云國有大故以旌節輔令則達之注云民雖命行其將之者無節不得通是徵令有節而行之事又知家徙有節者見比長云若徙於他則爲之旌節而行之是家徙有節也又云唯時事而行不出關不用節也者時事行若比長云徙於國當鄉徙及非徵令皆不須節兼言不出關者關内當都當邑當行不出關皆不須節也云變司市言貨賄者司市本出璽節授商令不言市而變言貨賄故鄭云璽節主以通貨賄貨賄非必由市或貧於民家則由門者司門與之節由關者司關授之節故變言貨賄也云變鄉遂言道路者容公邑及小都大都之吏皆主治五涂亦有民也者鄉遂公邑爲溝洫法三等采地爲井田法井田與溝洫雖俱爲溝洫稀稠有異皆有五涂以官主當其民出入皆受旌節故變鄉遂而言道路以容此等之官云之吏者以其都鄙之主在王朝唯吏在都鄙故以吏言之也云符節已下周法無文故皆約漢法況之案太史公本紀漢文帝二年九月初與郡國守相爲銅虎符竹使符應劭曰銅虎符第一至第五國家當發兵遣使者至郡國合符符合乃聽受之竹使符者皆以竹箭五枚長五寸鐫刻篆書第一至

第五張晏曰符以代古之圭璋從簡易也鄭引之者欲明漢時銅虎符本出於此也凡通達於天下者必有節以傳輔之必有節言遠行無有不得節而出者也輔之以傳者節爲信耳傳說所齎操及所適〔疏〕凡通至輔之○釋曰此經揔解上經門關諸有節并有傳輔成信驗或有節無傳或有傳無節或節傳俱無則不得通達於天下也無節者有幾則不達圖土內之〔疏〕無節至不達○釋曰此亦揔解上門關已下應有節傳今無節者非直被幾又不通達前所也○注圖土內之釋曰知圖土內之者見比長云無節無授圖土內之故也

遂人掌邦之野郊外曰野此野謂甸稍縣都〔疏〕注郊外至縣都○釋曰遂在遠郊外百里之外即遂人所掌之野在郊外曰野之中故鄭云郊外曰野鄭又知此野謂甸稍縣都者從二百里至五百里皆名野者此遂人不言掌遂又見下文云以達于畿明遂人掌野遂至畿疆也但遂人雖專掌二百里之中乃兼掌三百里以外其有溝洫井田之法皆知之也以土地之圖經田野造縣鄙形

體之瀍五家爲鄰五鄰爲里四里爲酇五酇爲鄙五鄙爲縣五縣爲遂皆有地域溝樹之使各掌其政令刑禁以歲時稽其人民而授之田野簡其兵器教之稼穡經形體皆謂制分界也鄰里酇鄙縣遂猶郊內比閭族黨州鄉也鄭司農云田野之居其比伍之名與國中異制故五家爲鄰玄謂異其名者示相變耳遂之軍法追胥起徒役如六鄉○酇作管反後同分扶問反　文以如字下分制同比毗志反下同追如字劉張類反

疏

土至稼穡○釋曰遂人以土地之圖據圖以經界其田野田野謂田在百里之外野中所經界者即造縣鄙已下是也云造縣鄙者此與下五家爲鄰之等爲揔目五家已下有六等略言二者耳云皆有地域溝樹之者從五家已下據地境界四邊營域爲溝溝上而樹之也云使各掌其政令刑禁者五家則鄰長施政令五鄰則里宰施政令已上皆施之云以歲時稽其人民者稽計也人民猶言夫家夫家男女也以歲之四時計其所管男女多少而損益之云授之田野者若下文一

廛田百晦云簡其兵器者若族師旗鼓兵革云教之稼穡者亦若計耦耕事○注經形至六鄉○釋曰云經形體皆謂制分界也者以田野云經縣鄙云造形體之法明是爲田野云經緯爲縣鄙云形體二者同實而異名明俱爲分界處所也云鄰里酇鄙縣遂猶郊內比閭族黨州鄉以家數相對是同故云猶郊內也先鄭云田野之居其比伍之名與國中異制者田野之居釋經經田野比伍之名謂夫一廛田百晦也言比五○則經中言五皆是也名與國中異制亦異以其六遂之內上地有萊五十晦并下劑致甿並異也玄謂異其名者示相變耳者此後鄭直增成先鄭家數雖同其名異之意云遂之軍法追胥起徒役如六鄉者案小司徒云乃會萬民之卒伍而用之五人爲伍五伍爲兩四兩爲卒五卒爲旅五旅爲師五師爲軍以起軍旅以作田役以比追胥以令貢賦注云鄉之田制與遂同但彼鄉中唯見出軍無田制此遂人唯見田制無出軍法故鄭彼注云鄉之制與遂同此遂之軍法追胥起役如彼六鄉互見其義明彼此皆有也但彼此雖相如據大較而言細論之仍有少異以其六鄉上劑致民六遂下劑致甿六鄉上地無萊六遂上地有萊有○萊○是其稍異也○

凡治野以下劑致甿以田里安甿以樂昏擾

甿以土宜教甿稼穡以興耡利甿以時器勸甿以彊予任甿以土均平政變民言甿異外內也甿猶懵懵無知貌也致猶會也民雖受上田中田下田及會之以下劑爲率謂可任者家二人樂昬勸其昬姻如媒氏會男女也擾順也時器鑄作耒耜錢鎛之屬彊予謂民有餘力復予之田若餘夫然政讀爲征土均掌均平其稅鄭大夫讀耡爲藉杜子春讀耡爲助謂起民人令相佐助○甿亡耕反耡音助李又音鉏彊其良反懜本又作懵莫崩反又音蒙李武冰反猶會古外反下一字同率音律又音類錢音翦劉音踐鎛音博復扶又反

【疏】凡治至平政○釋曰云以下劑致甿者對六鄉之中其家一人爲正卒已下皆爲羨卒此六遂之中家一人爲正卒第二者爲羨卒自外並爲餘夫家取二人爲下劑致甿也云以田里安甿者田則爲百晦之田里則五晦之宅民得業則安故云安甿也以樂昬擾甿者男女人所樂故云樂昬飲食男女人之大欲存焉故配以昬姻即順民意也以土宜教甿稼穡者高田種黍稷下田種稻麥是教之稼穡云以興耡利甿者耡助也興起其民以相佐助是與民爲利故云利甿也○注變民至佐助○釋曰此案大司徒小司徒主六

鄉皆云民不言甿此變民言甿者直是異外内而已無義例以其民者冥也甿者懵懵皆是無知之皃也云雖受上田中田下田者即此下文夫一廛以下是也云以下劑爲率謂可任者家二人者則其外爲餘夫是也云耒耜錢鎛之屬者詩云時乃錢鎛仍有茲基之等故云之屬鄭大夫讀耡爲藉藉借也謂借民力所治之田民相於無此事故後鄭謂相佐助從子春也

辨其野之土上地中地下地以頒田里上地夫一廛田百晦萊五十晦餘夫亦如之中地夫一廛田百晦萊百晦餘夫亦如之下地夫一廛田百晦萊二百晦餘夫亦如之萊謂休不耕者

鄭司農云戸計一夫一婦而賦之田其一戸有數口者餘夫亦受此田也廛居也楊子雲有田一廛謂百晦之居也立謂廛城邑之居孟子所云五晦之宅樹之以桑麻者也六遂之民奇受一廛雖上地猶有萊皆所以饒遠也王莽時城郭中宅不樹者爲不毛出三夫之布○令力呈反晦音畝萊音來數色主反奇居宜反〔疏〕辨其至如之釋曰此據在

六遂之中爲野故以野言之并上地中地下地以頒其田里此皆與已下爲揔目也此直言上中下地亦當如小司徒云上地家七人中地家六人下地家五人也○注萊謂至之布釋曰案詩云田卒汙萊注高者萊下者汙是萊謂休不耕者也先鄭引楊子雲有田一廛謂百畝之居也後鄭不從以爲廛與孟子五畮之宅同者此經上中下地皆云夫一廛田百畮百畮與一廛別言之則此廛與廛人皆謂廛綿於其中則此乃是廛里在國中之地一也不得同爲百畝之田詩所云三百廛兮者自是三百家之稅故亦廛表稅也云六遂之民奇受一廛者釋經餘夫亦如之則餘夫皆有田有廛是餘夫奇別更受廛備後離居之法故奇受一廛也云雖上地猶有萊者對六鄉不言餘夫之廛上地又無萊故云皆所饒遠也引王莽時事者證廛是城郭中言

凡治野夫間有遂遂上有徑十夫有溝溝上有畛百夫有洫洫上有涂千夫有澮澮上有道萬夫有川川上有路以達于畿

十夫二鄰之田百夫一酇之田千夫二鄙之田萬夫四縣之田遂溝洫澮皆所以通水于川也遂廣深各二尺溝倍之洫

倍溝澮廣二尋深二仞徑畛涂道路皆所以通車徒於國都也徑容牛馬畛容大車涂容乘車一軌道容二軌路容三軌都之野涂與環涂同可也萬夫者方三十三里少半里九而方一同以南畝圖之則遂從溝橫洫從澮橫九澮而川周其外焉去山陵林麓川澤溝瀆城郭宮室涂巷三分之制其餘如此以至于畿則中雖有都鄙遂人盡主其地○畛之忍反劉音真洫況域反澮古外反乘繩證反從子容反下同去起呂反盡津忍反

凡治至于畿○疏釋曰遂人所掌即六遂之中為溝洫之法遂地在郊外田野之中故云凡治野云夫間有遂已下五溝所以通水入川五涂所以通道向都及國城也○注十夫至其地○釋曰云十夫二鄰之田已下以遂之中有鄰里鄼鄙縣遂故十夫以下還以鄰鄼鄙縣地當之鄭知遂廣深各二尺溝倍之洫倍溝澮廣二尋深二仞者此雖溝洫法與井田異制其遂溝洫澮廣深亦與井田溝澮廣深同故鄭還約匠人井田之法而言也鄭知徑容牛馬之等義如此者此從川上有路差之凡道皆有三塗川上之路則容三軌道容二軌塗容一軌軌皆廣八尺其畛差小可容大車一軌軌廣八尺自然徑不容車軌而容牛馬及人之步徑是以春秋有牽牛蹊蹊即徑也云都之野涂與環涂同可也者案匠人云環涂以為諸侯經涂野涂以為都經涂

鄭注云經亦謂城中道諸侯環涂五軌其野涂及都環涂皆三軌彼注亦與此注同皆以爲都之野涂與環涂同依內則云道有三涂男子由右女子由左車從中央是以鄭解川上之路及都之野涂皆容三軌也云萬夫者方三十三里少半里者此解經萬夫有川之意從西北隅北畔至東頭有十洫一洫百夫十洫千夫千夫萬步萬步有三十三里百步百步是少半里以九澮摠而言之則萬夫矣故言萬夫者三十三里少半里矣云九而方一同者案匠人云廣尺深尺謂之畎以至方百里爲同同間廣二尋深二仞彼井田法溝澮稀少而云同此雖溝洫法溝澮稠多與彼井田相準擬而言也云以南畮圖之遂從溝橫洫從澮橫九澮而川周其外焉者案詩有今適南畝又云南東其畝故以南畝圖之其田南北細分者是一行隔爲一夫十夫則於首爲橫溝十溝即百夫於東畔爲南北之洫十洫則於南畔爲橫澮九澮則於四畔爲大川此川亦人造雖無丈尺之數蓋亦倍澮耳此川與匠人澮水所注川者異彼百里之間一川謂大川也云去山林之等其餘如此者鄭注載師亦以此等三分去一皆大判而言之耳是以田之法一成九百夫亦三分去一以其餘通計出稅故每云三百家也云以至于畿則中雖有都鄙遂人盡主其地者遂人主六遂與司徒主六鄉同唯在二百里以內

今經云以達于畿明畿以內之中雖有都鄙作井田之法遂人亦盡主其地明不可細主井田偏主公邑之中爲溝洫之法與鄉遂人盡主之可知也

以歲時登其夫家之衆寡及其六畜車輦辨其老幼癈疾與其施舍者以頒職作事以令貢賦以令師田以起政役

登成也猶定也夫家猶言男女也施讀爲弛職謂民九職也分其農牧衡虞之職使民爲其事也載師職云以物地事授地職互言矣貢九貢也賦九賦也政役出士徒役○施式氏反下施舍皆同政音征注同

【疏】以歲至政役○釋曰云以歲時以主其夫家已下亦如族師所云以歲之四時成定男女之等○注登成至徒役○釋曰云施讀爲弛者以其文承老幼癈疾之下又別云以起政役明此不得爲施政役破施爲弛謂弛捨其政役也云職謂民九職也者以其頒職而作事是民之九職使之作事而遣出九貢也云分其農牧衡虞之職者農即三農牧即藪牧衡虞即虞衡作山澤之材不言商賈嬪婦臣妾之等者略之也云載師職云以物地事授地職互言矣者彼云物地事不云貢此云令貢賦不云物地事地事貢賦當

相互皆有也云貢九貢也者即九職之九貢非諸侯之九貢
也賦者即亦大宰九賦一曰邦中之賦二曰四郊之賦之等
是也云政役出士徒役者即上
注遂之軍法如六鄉者是也
若起野役則令各帥其所治之民而至以遂之大旗致之其不用命者誅之
役謂師田若有功作
也遂之大旗熊虎
疏若起至誅之○釋
曰此文起野役若
小司徒凡起徒役毋過家一人之類也云則令各帥其所治
之民而至者謂令縣正已下縣正云若將用野民師田行役
移執事則帥而至治其政令是縣正受遂人之令也云以遂
之大旗致之者以其遂人雖是大夫合用鳥隼之旗致衆令
遂人掌衆與大司徒同故致衆得用熊虎爲旗也○注役謂
至熊虎○釋曰知役謂師田若功作也者以其縣正所云用
野民師田行役移執事爲此事致之明此役與彼同其
云功作則移執事之等是也云大旗熊虎者司常職文凡
國祭祀共野牲令野職
共野牲入於牧人以待
事也野職薪炭之屬
疏
注共野至之屬○釋曰云共野牲入於牧人以待事也者謂
牛羊豕在六遂者故曰野牲牧人云掌牧六牲以待祭祀故

知此野牲牧人云掌牧六牲以待祭祀故知此野牲亦入牧人以待事也云野職薪炭之屬者此官令之委人斂之故下委人云掌斂野之賦又云斂薪芻凡疏材木材凡畜聚之物言之屬者兼此諸物也

凡賓客令脩野道而委積 委積於廬宿市 疏 凡賓至委積○釋曰案大司徒云令野脩道委積彼謂摠令遺人此於百里外野道又令之故注云委積於廬宿市是亦令遺人也

大喪帥六遂之役而致之掌其政令及葬帥而屬六紼及窆陳役 致役致於司徒給墓上事及窆也紼舉棺索也葬舉棺者謂載與說時也用紼旁六執之者天子其千人與陳役者主陳列之耳匠師帥監之鄉師以斧涖焉大喪之正棺殯啓朝及引六鄉役之載及窆六遂役之亦即遠相終始也鄭司農云窆謂下棺時遂人主陳役也禮記謂之封春秋謂之塴皆葬下棺也聲相似○屬音燭紼音弗窆劉呂綃反穿也本作窆戚彼驗反與注相應與說始銳反人與音餘朝直遙反之封彼驗反或如字塴補鄧反 疏 注致役至相似○釋曰鄭知致役致於司徒給墓上事及窆也者以其殯及引皆六鄉役之其墓上事及窆等六遂役之故知致役

給墓上墓上則說載下棺之等竁謂穿壙之等不言在廟載
事亦六遂役之不言者略也必致於司徒者司徒雖主六鄉
以其地官之鄉掌徒庶之役亦兼掌六遂之役故也云紼舉
棺索者以其據在棺則曰紼據在道則曰引六遂之役不在
道故據在棺而言紼也云葬舉棺者謂載與說時也者以其
經云屬六紼不據在道故知在廟載時及在壙說時也云用
紼旁六執之者天子其千人與者案雜記諸侯執紼五百人
大夫三百人以此約之天子千人無正文故云與以疑之云
陳役者主陳列之耳者以其經云及窆窆謂下棺下棺之時
千人執紼背碑負引須陳列其人故知謂陳列之也云匠師
帥監之鄉師以斧涖焉者案其鄉師職知之云大喪之正棺
殯啓朝及引六鄉役之載及窆六遂役之知義然者案大司
徒職云大喪帥六鄉之衆庶屬其六引此遂人云帥六遂之
役屬六紼及窆陳役鄭據此二文言之以六鄉近使主殯及
啓朝爲始在祖廟之中將行載棺於蜃車屬六紼則六遂爲
終也至於在道言引則還使六鄉爲始至壙窆之下棺則還
使六遂爲終以二處合自其爲終始故云即遠相終始也是
以大司徒注云六鄉主六引六遂主六紼也云禮記謂之封
者據檀弓云庶人縣棺而封及喪大記下棺亦云封是也春
秋謂之塴者左氏葬鄭簡公有司墓之室當道毀之則朝而

塴是也窆塴封三者字雖不同皆是下棺也云聲相似者窆封塴皆以去聲言之故云聲相似也凡事致野役而師田作野民帥而至掌其政治禁令○治直吏反〔疏〕凡事至禁令○釋曰此下治訟皆同〔疏〕居職末揔結之言也

遂師各掌其遂之政令戒禁以時登其夫家之衆寡六畜車輦辨其施舍與其可任者經牧其田野辨其可食者周知其數而任之以徵財征作役事則聽其治訟施讀亦弛也經牧制田界與井也可食謂今年所當耕者也財征賦稅之事〔疏〕遂師至治訟○釋曰以遂師下大夫四人所掌六遂亦如鄉師主六鄉亦二人共主三遂故云各掌其遂之政令戒禁并以時登其夫家衆寡六畜已下皆如鄉師之職但鄉師云輦又云老幼貴賤癈疾此不言之此云經牧其田野之等彼不言之皆是互換爲義故設文不同也云周知其數而任之以徵財征者謂

周徧知其夫家六畜及田野之等任之據人民之數徵財征據田野之數也云作役事則聽其治訟者役事中可兼軍役田獵功作之等皆聽其治訟也○注施讀至之事釋曰云施讀亦弛也者此注與鄉師同以其與其可任者對而言明施不得爲施功之事故讀爲弛與舍同爲捨放之事云經牧制田界與井也者但六遂制溝洫法上文所云者是令以爲制界與井也又爲井田法者以其遂人兼掌采地故上云掌野鄙兼言稍縣都以采地有井田法故此經云經牧其田野與小司徒文同故鄭亦兼言井也云可食謂今年所當耕者也者六遂以外上地亦有萊中下之地自然皆有萊不耕者故云今年所當耕者也云財征賦稅之事者征是賦稅財是地稅故云財征賦稅之事也雖以地稅爲正其中亦兼有口率出泉也

巡其稼穡而移用其民以救其時事移用其民使轉相助救時急事也四時耕耨斂艾芟地之宜晚早不同而有天期地澤風雨之急○耨奴豆反艾音刈〔疏〕巡其至時事○釋曰遂師各自巡其春種曰稼秋斂曰穡○注移用至之急○釋曰云地之宜晚早不同者其地有宜早種早收有宜晚種晚收故云晚早不同云而有天期地澤風雨之急者山出雲雨大風有隧皆由天期而有故以天期而言此

並須移用其民救其時事故并言之也**凡國祭祀審其誓戒共其野牲**審亦聽也

疏凡國至野牲○釋曰案冢宰職云大祭祀掌百官之誓戒大司寇涖誓百官并戒百族此官主審其戒戒遂之民故不同也

入野職野賦于玉府民所入貨賄以當九職九賦中玉府之用者

疏注民所至用者○釋曰云野職謂民九職之貢野賦謂民九賦自邦甸家稍縣都之等口率出泉以其在遠郊之外故皆以野言之也云中玉府之用者亦是遂師自當徵其穀稅泉以入大府分之泉府也若然案大府職云式貢之餘財以共玩好之用入於玉府彼入玉府者是式貢之餘財財之美者由大府乃入玉府此經入玉府者非財之美不堪王之玩好者也

賓客則巡其道脩庀其委積巡其道脩行治道路也故書庀爲比鄭司農云比讀爲庀庀具也○庀又作庀匹爾反具也劉副美反一音芳米反脩行下孟反

疏賓客至委積○釋曰巡其道脩者大司徒云野脩道委積據國外曰野在六鄉之中者此據六遂之中者

大喪使帥其屬以幄帟先道野役及窆抱磨○

共丘籠及蜃車之役使以幄帟先者大宰也其餘司徒也幄帟先所以爲葬窆之間先張神坐也道野役帥以至墓也丘籠之役竁復土也其器曰籠蜃車柩路也柩路載柳四輪迫地而行有似於蜃因取名焉行至壙乃說更復載以龍輴蜃禮記或作槫或作輇役謂執綍者鄭司農云抱磨磨下車也玄謂磨者適歷執綍者名也遂人主陳之而遂師以名行校之○磨劉音歷籠力董反蜃市軫反以爲于僞反坐才臥反復音服或音福乃輪始銳反或吐活反更復扶又反輴勑倫反槫市專反李徒官反輇市專反適音的又音釋

【疏】大喪至之役○釋曰大喪謂王喪也云使帥其屬以幄帟先者謂大宰使其屬以幄帟先行至壙云道野役者謂司徒導引野中之役出國城至壙云及窆抱磨者及至也謂柩車至壙窆下棺也下棺之時遂師帥其執綍者之人名歷適而校數之也云共丘籠者土曰丘謂共爲丘之籠器以盛土也云及蜃車之役者謂祖廟中將行共蜃車以載柩之役人也○注使以至校之○釋曰知使以幄帟先是大宰者以其天官幕人掌共帷幕幄帟綬屬大宰故知使幕人以幄帟先是大宰也云其餘司徒也者以其司徒主衆庶故知野役之徒皆司徒令之也云幄帟先所以爲葬窆之間先張神坐也者謂柩至壙脫載除飾

柩則在地未葬窆之間須有凶靈神坐之所故知大幕之下宜有幄之小帳小帳之內而有帟之承塵以爲神坐也云道野役帥以至墓也者以其二云道導導是帥引之言故知從廟帥引往至墓所也云上窆之役窆復土也者窆謂穿地復土謂下棺之後以壙上土反復而爲上壟皆須籠器以盛土也云蜃車柩路也者人君所居皆曰路故云柩路也云柩路載柳四輪迫地而行者謂在祖廟中遂匠納車於階閒卻而上載之乃加帷荒帷荒即柳也四輪迫地而行即輇車以二軸而貫四輪四輪即許氏說文云無輻曰輇者也云似於蜃因取名焉者此解名爲蜃車之意云行至壙乃說更復載以龍輴者以其天子諸侯殯時用輴車即檀弓所云菆塗龍輴以天子之禮是也諸侯不龍其輴而已殯既用輴明葬時用輴可知云蜃禮記或作槫或作輇者案雜記云載以輲車鄭注云輲讀爲輇或作輇彼經作輲一部禮記作輇或作槫彼經不爲輇者但輲輇字雖異其義同故此云或作輇也但爲槫者非車之體不從之取其輲字或有作團字團又轉誤爲國字者故既夕記云遂匠納車於階間注云車載柩車周禮謂之蜃車雜記謂之團車喪大記又謂之國車也先鄭云抱磨磨下車也者於義無所當故後鄭不從也後鄭云適歷執紼者名也者謂天子千人分布於六紼之上謂之適歷者分布稀

疏得所名爲適歷也云遂人主陳之者案上遂人云及窆陳役是也云而遂師以名行校之者但執紼之人背碑負引而退行遂師抱持版之名字巡行而校録之以知在否故云抱磨也

軍旅田獵平野民掌其禁令比敘其事而賞罰平謂正其行列部伍也鄭司農云比讀爲庀○比敘匹爾反出注行列戶剛反〔疏〕軍旅至賞罰○釋曰軍旅謂征伐田獵謂四時田云平野民者謂遂師平正六遂之民故云平野民也云比敘其事而賞罰者遂師校比次敘其行伍而行賞罰也○注平謂至爲庀○釋曰周禮之內云比者後鄭皆爲校比先鄭皆爲庀庀爲具得通一義故引之在下也

遂大夫各掌其遂之政令以歲時稽其夫家之衆寡六畜田野辨其可任者與其可施舍者以教稼穡以稽功事掌其政令戒禁聽其治訟施讀亦爲弛功事九職之事民所以爲功業〔疏〕遂大至治訟○釋曰此一經與遂師職意同但

互見其義耳○注施讀至功業○釋曰云功事九職之事民所以爲功業者大宰以九職任萬民彼云任即此功事謂任之使有功者也

令爲邑者歲終則會政致事

不言其遂之吏而言爲邑者容公邑及卿大夫王子弟之采邑政令戒禁遂大夫亦施焉

【疏】注不言至施焉○釋曰言之者若直言遂之吏則不容公邑與采邑今遂大夫不言遂之吏變云爲邑則遂中可以兼公邑采邑二者故云政令戒禁遂大夫亦施焉以其遂人云掌野又云以達于畿故知亦施政令戒禁

正歲簡稼器脩稼政

簡猶閱也稼器耒耜鎡基之屬稼政孟春之月令所云皆脩封疆審端徑術善相丘陵阪險原隰土地所宜五穀所殖以教道民必躬親之○術音遂相息亮反道音導

【疏】注簡猶至親之○釋曰云稼器耒耜鎡基之屬者其器中含有錢鎛之等故云之屬也云稼政孟春之月令所云皆脩封疆者此是月令鄭注彼封疆謂田首之分界也云審端徑術者鄭彼注術當爲遂○引遂人職云夫間有遂遂上有徑當審之使脩理也云善相丘陵阪險原隰者土之高者曰丘大阜曰陵坡者曰阪險丁濕者曰隰高平曰原也云土地所宜者即丘陵已下若高田種黍稷下田種稻麥丘陵阪險種桑棗是也云以教

道民必躬親之者彼約束與田大夫必身親檢校之以證稼政之事

三歲大比則帥其吏而興甿明其有功者屬其地治者

興甿舉民賢者能者如六鄉之爲也興猶舉也屬猶聚也又因舉吏治有功者而聚勑其餘以職事○比毗志反下徵比及注同屬音燭聚也注同治直吏反（疏）三歲至治者○釋曰云三歲大比已下若鄉大夫三歲大比興賢者能者其義同變之耳云帥其吏者則遂大夫已下縣正至鄰長○注興甿至職事○釋曰云興甿舉民賢者能者如六鄉之爲也者此文不具故鄭就鄉大夫解之彼以鄉飲酒興賢能者厥明獻賢能之書於王王拜而受之登於天府內史貳之此職亦然也云興猶舉也屬猶聚也者謂當興舉之時因舉治民之吏鄰長以上吏之有功者而升之又聚其地治鄰長以上勑之以職事使之不慢也

凡爲邑者以四達戒其功事而誅賞廢興之

四達者治民之事大通者有四夫家衆寡也六畜車輦也稼穡耕耨也旗鼓兵革也（疏）凡爲至興之○釋曰此言爲邑者義如上不言遂之吏而言爲邑者容公邑及采邑也云以四達戒其功事者達通也謂將四通之事以

戒勑其功事功事即上注九職之功業也云而誅賞廢興之者此亦如天官注大有功不徒興又賞之大無功不徒廢又誅之故誅賞廢興連言之也○注四達至革也○釋曰鄭知四達是大家已下者此無正文唯約上下文而知義爾案遂師云大家衆寡六畜車輦此遂大夫亦云大家衆寡以教稼穡鄰長云以旗鼓兵革帥而至又云趨其耕耨鄭據而言故以四事當此四達

縣正各掌其縣之政令徵比以頒田里以分職事掌其治訟趨其稼事而賞罰之徵徵召也比案比○趨如字李君苟反本又作趨音促 疏 縣正至罰之○釋曰以一遂有五縣故云各掌其縣之政令徵比者謂政教號令徵發按比之等也云以頒田里者亦如上文夫一廛田百畮也云以分職事者即九職之功事也

若將用野民師田行役移執事則帥而至治其政令移執事移用其民鄭司農云謂轉相佐助 疏 若將至政令○釋曰云若將用野民者言將事未至之時

預徵召野民也言師田謂出師征伐及田獵也言行役謂若巡狩及功役言移執事謂移徙用民以執事也**既役則稽功會事而誅賞**（疏）既役至誅賞○釋曰此經結上文功役之事事訖乃稽考其功多少當計會其事之可否而有功者賞無功者誅也

鄙師各掌其鄙之政令祭祀祭祀祭禜也○禜音詠（疏）鄙師至祭祀○釋曰五鄙爲縣五百家爲鄙故云各掌其鄙之政令也○注祭祀祭禜也○釋曰知鄙祭禜者鄙與六鄉黨同黨祭祭禜故知此鄙所祭祀謂祭禜也**凡作民則掌其戒令**作民謂起役也（疏）注作民謂起役也○釋曰知作民是起役者案下鄰長云若作其民而用之則以旗鼓兵革帥而至又上文每云野役故知此作民亦是起役事也**以時數其衆庶而察其媺惡而誅賞**時四時也○數色主反下同媺音美（疏）注時四時也○釋曰知時四時者見鄉師職云凡四時之徵令則凡言歲時者皆是四時雖鄉師云賙萬民之囏阨而云歲時巡國及野者鄭注云隨其事之時不必四時囏阨非常故

也歲終則會其鄙之政而致事

酇長各掌其酇之政令以時校登其夫家比其衆寡以治其喪紀祭祀之事校猶數也〔疏〕酇長至之事○釋曰以其一鄙五酇故云各當其酇之政令也云以治其喪紀者謂民之喪紀若鄉師所云族共喪器之類治其祭祀者謂若族祭酺之類若然縣當祭社與州同縣正鄙師酇長皆不言所祭神者六遂與六鄉互見其義也若作其民而用之則以旗鼓兵革帥而至若歲時簡器與有司數之簡器簡稼器也兵器亦存焉有司遂大夫〔疏〕若作至數之○釋曰言作其民而用之者謂師田及巡守之等直言以旗鼓兵革不言車輦文不具○注簡器至大夫○釋曰云簡器簡稼器也者見遂大夫職云正歲簡稼器脩稼政則此官與遂大夫共簡之故注云有司遂大夫也知兵器亦存焉者以遂大夫云簡稼器此不言稼直云器故知器中兼有兵器旗鼓兵革亦有在其中也凡歲時之戒

令皆聽之趨其耕耨稽其女功聽之受而行之也女功絲枲之事〔疏〕凡歲至女功。○釋曰此鄭長彌親民故趨其耕耨并稽考女功之事。○注聽之受至之事。○釋曰鄭知聽之爲受而行之非聽斷之者以鄭長中士官惟承受遂人已下之事不得專聽斷故知聽謂受聽而行之也知女功絲枲者案禮記內則論女功云執麻枲治絲繭故知此女功亦治絲枲以爲布帛

里宰掌比其邑之衆寡與其六畜兵器治其政令邑猶里也〔疏〕里宰至政令。○釋曰里宰二十五家不言各者文承遂師以下皆言各掌此亦各掌可知。○注邑猶里也。○釋曰邑是人之所居之處里又訓爲居故云邑猶里也

以歲時合耦于耡以治稼穡趨其耕耨行其秩敘以待有司之政令而徵斂其財賦考工記曰耜廣五寸二耜爲耦此言兩人相助耦而耕也鄭司農云耡讀爲藉杜子春云耡讀爲助謂相佐助也玄謂耡者里宰治處也若今街彈之室於此合耦使相佐助因放

而爲名季冬之月令命農師計耦耕事脩耒耜具田器是其
歲時與合人耦則牛耦亦可知也秩敘受耦相佐助之次第
○治處直吏反街音佳彈如字一音丹放沈方往反
【疏】以歲至財賦○釋曰云歲時
者亦謂歲之四時云合耦于
耡者耡助也謂合兩兩相佐助於里宰處云以治稼穡者謂
治理其民使爲春稼秋穡之事云趨其耕耨者謂使民趨時
以春耕夏耨云行其秩敘者謂民使行其合耦使有次第云
以待有司之政令而徵斂其財賦者以六遂之賦稅縣師徵
之旅師斂之則此財賦言待有司徵斂者謂縣師旅師也○
注考工至次第○釋曰鄭引考工記者欲證合耦爲二人共
發一尺之地乃成甽以通水之意也先鄭云耡讀爲藉者藉
借也非相佐助之義故後鄭不從之也杜子春讀耡爲助謂
相佐助也於義合但文○令○不足故後鄭增其義也玄謂鋤者
里宰治處也若今街彈之室者鄭以漢法況之漢時在街置
室檢彈一里之民於此合耦使相佐助因放而名耡也引月
令者證歲時合耦之事秦周政令或異故云是其歲時與言
與以疑之也云合人耦則牛耦亦可知也者周時未有牛耦
耕至漢時搜粟都尉趙過始教民牛耕今鄭云合牛耦可知
者或周末兼有牛耦至漢趙過乃絕人耦專用牛耦故鄭兼
云焉云秩敘受耦相佐助之次第者或家有一夫二夫共耦

若長沮桀溺耦而耕或先後次第相佐助爲之也

鄰長掌相糾相受相糾相舉察【疏】鄰長至相受○釋曰鄰長不命之士爲之各領五家使五家有過各相糾察宅舍有故又相容受也凡邑中之政相贊長短使相補助【疏】凡邑至相贊○釋曰云邑中者亦謂一里之內有上政令徵求則五鄰共相贊助此則以長補短故鄭云長短使相補助也從于他邑則從而授之從猶隨也授猶付也【疏】從于至授之○釋曰古者三年大比民或於是徙謂不便其居則從於他遷向他遂非直從授之明無罪過亦當以旌節將行如六鄉比長云徙於他則以旌節而行之出鄉無節則唯圜土內之是也

附釋音周禮注疏卷第十五

大清嘉慶二十一年
用文選樓藏本校

知南昌府張敬仁署鄱陽縣候補知州周澍栞

周禮注疏卷十五挍勘記　　阮元撰盧宣旬摘錄

附釋音周禮注疏卷第十五

質人

會謂古人會聚買賣　閩本同監毛本作市是也

此知人民奴婢也者　浦鏜云此知二字當誤倒案人民下當脫爲

質劑月平賈也　余本嘉靖本閩監本同毛本也誤九宋本岳本無也

淳當爲純　九經古義云經淳制管子作縡制制分篇云衡石一稱斗斛一量丈尺一縡制戈兵一度○按縡字不見於說文未可從也

云其券之象書兩札刻其側者　毛本同閩監本札改劄○按此可證宋人用劄爲札

邦國碁　唐石經諸本同釋文國基如字本或作碁同案儀禮士虞禮注云古文碁皆作基周禮古文與儀禮正同此當從陸本○按近人以碁年字別於期會眞是俗字然自廣韻已如此分別矣凡經典如此分別者非也

廛人

掌斂市絘布總布　唐石經宋本嘉靖本同閩監毛本總改緫非注及疏同釋文絘布音次本或作次案經當作絘注當作次

總讀如租𥠖之𥠖　漢讀考云租𥠖當是組總之訛見巾車職

質布者質人之所罰　余本閩監毛本同宋本岳本嘉靖本無之案賈疏引注亦無之字有者衍文

謂貨物儲藏於市中　釋文諸本作貯又作褚藏劉本作䒊案葬也者藏也故以儲葬釋藏○按儲从宁者聲宁之或字也宁者辨積物也

久則將瘦臞腐敗釋文瘦本又作膄臞其俱反又作臞音稍案賈疏本作瘦臞○按臞之義在考工梓人

云久則將瘦臞腐敗者閩本同監毛本臞改臞非下同

胥師

憲長縣之余本同誤也宋本嘉靖本閩監毛本長作表當據正

謂司當時設禁令閩本同監本司上剜擠市字毛本遂排入

此止當職宋本當字鈌浦鏜云止葢正之誤

賈師

謂官有所斥令賣余本閩監毛本同宋本岳本嘉靖本無令字案賈疏引注云謂官有所斥賣則有令者衍文

肆長

掌其戒禁唐石經宋本余本嘉靖本毛本同閩監本禁作令非石經考文提要云宋本九經宋纂圖互注本宋附釋音本余仁仲本皆作禁

泉府

貨之滯於民用者漢讀考於作于

物楬而書之物物爲揃嘉靖本閩本楬作揭毛本揃作楄皆譌

元謂抵實柢字柢本也宋本柢皆作抵誤監本上柢誤抵

主有司是也余本閩監毛本同宋本嘉靖本無也案此本疏標起止云注故書至司是則賈疏本無也有者衍文

注故書至司是閩監毛本因注中衍也字因改此作故書至是也

云主有司是也　浦鏜云云上當脱故

凡賒者　監毛本賒改賖注及疏同

凡國事之財用取具焉　唐石經宋本嘉靖本毛本同監本國事倒作事國此本及閩本脱事字今補正

凡國至其餘　閩毛本同監本國改事

司門

鍵讀爲蹇　漢讀考云經本作蹇注本作蹇讀爲鍵此以注改經復以經改注之一也案此易蹇爲鍵故下云鍵謂牡賈疏云先鄭讀爲蹇者欲取其蹇澁之意然則唐初本已誤

欲取其蹇澁之意　閩本同監毛本澁作澀

衣服視占　宋本余本嘉靖本毛本同閩監本占改瞻疏中同按作瞻非也視占謂可占驗處

祭祀之牛牲繫焉　唐石經諸本同釋文繫作毄云本又作繫　案古繫字多作毄易繫辭本作毄

故左氏莊公二十五年　閩監毛本作左傳

司關

參相聯以檢猾商　賈疏引注作參相連以檢猾商注當本用連此改聯非宋本檢作撿此本疏中檢撿錯出

關下亦有邸客舍　諸本同段玉裁云當作舍客謂以邸舍客也

二事雙言也　惠挍本二作一此誤

此關亦有邸舍　惠挍本關下有旁此脫

授節節者卽授傳與之　監本剜去一節字此衍

凶謂凶年饑荒也　宋本嘉靖本饑作飢非

猶苛察不得令姦人出入釋文苛呼多反又音何姦作奸　嘉靖本猶誤循案苛監本作荷

謂呵問審察也○按古呵問字或作苛或作荷此作苛不誤

敂關猶謁關人也宋本嘉靖本敂作叩案賈疏引注作叩　閩是注本用叩字此仍依經改敂非○

按叩乃俗字古祇作敂不當云經敂注叩也

猶聘禮關人也惠挍本禮下有謁

敵國賓至關尹以告惠挍本無上關此衍

則此經司關爲之告一也惠挍本無一

掌節

守邦國者用玉節說文卩部作守國者用玉卩云卩象相合之形

玉節之制如王爲之以命數爲小大此本王誤土嘉靖本誤玉今據諸本訂正

通典七十五引作以命數爲大小浦鏜改作以玉爲之云據儀禮經傳通解按案賈疏云以邦國與王同稱玉節亦皆以玉爲之以其諸侯國内亦有徵守好難起軍旅之等故知與王同然則注正作如王浦鏜輕據他書竄改誤甚

可以約王之玉節　惠挍本無以此衍

凡邦國之使節山國用虎節土國用人節澤國用龍節　説文卩部云使山邦者用虎卩土邦者用人卩澤邦者用龍卩國字皆作邦爲異

入由門者司門爲之節由關者司關爲之節　宋本司門爲之節下有也入二字司關爲之節下有也故二字並衍

其以徵令及家徒　余本同誤也宋本嘉靖本閩監毛本皆作家徙當訂正案賈疏引注作家徙又引比長若徙於他則爲之旌節而行之以證

非門關之官不可輒授　監本輒訛輙下同

云道路者主治五溝五涂之官謂鄉遂大夫也謂浦鏜云下謂當作者

若宅在國城中先由則司門授之節閩本則改門監毛本承之案則上當有門字惠挍本門則二字並有

鐫刻篆書閩監毛本鐫作鎸

遂人

此野謂何稍縣鄙宋本余本岳本嘉靖本同閩監毛本謂誤爲下節注皆謂制分界也同

五家已下有六等閩監毛本已改以

田百畮也閩監毛本畮改畝

言比五則經中言五皆是也浦鏜云比伍誤比五

上地有萊有 盧文弨曰下有萊疑衍

以下劑致甿 漢讀考云宋本周禮音義詩衞風正義白帖宋刻卷廿二廿三引周禮甿皆作氓知開成石經作甿以氓爲亡民而改之也

以樂昏擾甿 宋本余本嘉靖本同唐石經閩監毛本昬作昏注中同此

以興耡利甿 說文耒部云耡商人七十而耡耡耤稅也从耒助聲周禮曰以興耡利萌案鄭大夫注讀耡爲藉與許君訓耡爲藉意同

以彊予任甿 閩監毛本同誤也唐石經宋本余本嘉靖本彊皆作疆當訂正注中同釋文亦誤作疆余本載音義作彊

甿猶懵懵無知貌也 釋文懵懵本又作懜宋本嘉靖本貌作皃此本疏中亦作皃漢讀考云說文引周禮以興耡利萌漢人謂民爲萌注當云變民言萌萌猶懵懵無知貌也故訓曰懵若氓則毛傳說文訓爲

民也

詩云跱乃錢鎛　惠挍本同閩監毛本跱改庤

故云皆所饒遠　浦鏜云所下脫以

十夫二鄰之田　毛本鄰改隣此本誤都今據諸本訂正

以南畝圖之　閩監毛本同宋本作而南畮圖之余本岳本嘉靖本畝皆作畮此本疏中引注亦作畮當訂正

軌廣八尺者　惠挍本作九尺○按惠棟誤也軌無容九尺

環涂以爲諸侯經涂　惠挍本閩本同監毛本經誤徑下同○按毛本此二行三經字皆譌爲徑

辨其老幼癈疾　監本癈誤廢疏中同

及窆陳役 釋文作及窆云劉昌絹反穿也本作窆戚彼驗反與注相應案陸從劉昌宗作窆與注乖當從戚衮本作窆今本是也

給墓上事及窆也 宋本窆誤窆

春秋謂之堋 宋本堋作傰載音義同葉鈔釋文亦作傰

遂師

施讀亦弛也 諸本同案亦下當脫爲土均注云施讀亦爲弛也可證浦改作施讀爲弛非此承上遂人注施讀爲弛言之故云亦

謂周徧知其夫家六畜及田野之等任之 此本之等二字剜擠閩監毛本遂排入

云地之宜晩早不同者 閩監毛本晩早誤倒

此經入玉府者　惠挍本經作徑此誤

及穵抱磨　閩監毛本同誤也余本嘉靖本磨作䃺注中同當據正葉鈔釋文抱磨劉音歷通志堂本亦誤磨困學紀聞云遂師抱磨音歷史記樂毅書故鼎反乎磨室徐廣注磨歷也戰國策新序作歷室蓋古字通用

禮記或作槫　余本岳本閩監本同釋文亦作槫槫音市專反宋本嘉靖本誤作摶毛本誤作槫

謂祖廟中將行　惠挍本謂下有在此脫

脫載除節　閩本同監毛本節作飾○按飾是

或作摶　閩本同監毛本摶改槫下但爲摶者同案宋本注作摶當即摶之訛

遂大末

施讀亦爲弛　宋本弛作弛

耒耜鎡基之屬　嘉靖本鎡基作茲其從金從土蓋後人所加此本疏中引注作鎡其

審端徑術　諸本同釋文亦出徑術二字岳本徑作經誤

引遂人職云　惠挍本引上有即此脫

勑之以職事　惠挍本勑作勅下節疏同

縣正

云須田里者　閩本同監本云下剜擠以字毛本遂排入

夫一廛田百畮也　監本畮改畝

鄭長

并稽考文功之事　惠挍本之下有等

里宰

趨其耕耨　毛本耨誤耕

但文今不足故後鄭增其義也閩監毛本增改從文今疑誤

鄰長

徙于他邑嘉靖本徙誤徒

周禮注疏卷十五校勘記終

南昌袁泰開校

附釋音周禮注疏卷第十六

鄭氏注　賈公彥疏

旅師掌聚野之耡粟屋粟閒粟野謂遠郊之外也耡粟民相助作一井之中所出九夫之稅粟也屋粟民有田不耕所罰三夫之稅粟閒粟閒民無職事者所出一夫之征粟○閒音閑注同

疏旅師至閒粟○釋曰此旅師斂六遂之稅六遂在野故云掌聚野之耡粟之等○注野謂至征粟○釋曰云野謂遠郊之外也者案鄉大夫野自六尺彼野謂城外此野據遠郊之外六遂之中也云耡粟民有相助作一井之中所出九夫之稅粟也者六鄉六遂與公邑三處皆爲溝洫法三等采地乃爲井田今此六遂之中鄭云一井之中出九夫之稅粟以爲井田與例違者但鄉遂之中雖爲溝洫法及其出稅亦爲井田稅之是以小司徒職云考夫屋注云夫三爲屋屋三爲井出地貢者三三相任是出地稅亦取井有九夫三三相保而稅之故以井言之云屋粟民有田不耕所罰三夫之稅粟閒粟閒民無職事者所出一夫之征粟者此並載師職文但彼云出夫家之征彼注云夫稅者百畮之稅家稅

者出土徒車輦此經云粟無取於家征之義故略不言也

而用之以質劑致民平頒其興積施其惠散其利而均其政令

而讀爲若聲之誤也若用之謂恤民之艱阨委積於野如遺人於鄉里也以質劑致民案入稅者名會而貸之興積所興之積謂三者之粟也平頒之不得偏頗有多少縣官徵聚物曰興今云軍興是也是粟縣師徵之旅師斂之而用之以賙衣食曰惠以作事業曰利均其政令者皆以國服爲之息○而用而音若出注積子賜反注同

〔疏〕釋曰若用謂用上者之粟也○注而讀至之息○釋曰鄭必讀而爲若者所聚之粟民有艱阨乃用之無則貯待凶年則若爲不定之辭其而字無義例故鄭轉爲若也云若用之謂恤民之艱阨者案遺人云鄉里之委積以恤民之囏阨此六遂即鄉里也故鄭云委積於野如遺人之於鄉里也云以質劑致民案入稅者名會而貸之者所聚之粟還擬凶年振恤所輸入之人欲與之粟還案入稅者之人名會計多少以貸之簿書若市券有長短故云質劑也云縣官徵聚物曰興者六遂已外縣師徵之故云縣官徵聚物曰興云今云軍興是也者鄭舉漢法況之興皆是積聚之義也云是粟縣師徵之者案上縣師職

云歲時徵野之賦貢故知也云旅師斂之者即上文聚三等粟是也云而用之則若用之是也云以䝉衣食曰惠知者以衣食先當時用不生其利故云惠所爲事業後即有利故云利此對文惠利兩有故爲此釋若通而言之惠利爲一故論語孔子云因民所利而利之不亦惠而不費是惠利通也云均其政令者皆以國服爲之息者亦如泉府凡民之貸者以國服爲之息鄭彼注云以其於國服事之稅而出息也於國事受園廛之田而貸萬泉者則朞出息五百若然近郊之田貸萬泉朞出息一千已外遠郊甸稍縣都皆依國可知

凡用粟春頒而秋斂之 困時施之饒時收之【疏】凡用至斂之○釋曰上經所云是貸而生利此經所云是直給不生利也官得舊易新民得濟其困之官民俱益之也

凡新甿之治皆聽之使無征役以地之媺惡爲之等 新甿新徙來者也治謂有所求乞也使無征役復之也王制曰自諸侯來徙家期不從政以地美惡爲之等七人以上授以上地六口授以中地五口以下授以下地與舊民同旅師掌斂地稅而又施惠散利是以屬用新民焉○治直吏反注同復音福期音基上時掌反【疏】注新甿至民焉○釋曰云

新甿新徙來者也者即上徙於他者是也云治謂有所求乞也者此無正文鄭以意解之以其無征役可治又新來未有業次故知治是求乞也引王制自諸侯來徙於家期不從政者彼仍有自家徙於諸侯三月不從政不引之者略引之以證有復除之法云以地美惡爲之等七人以上授之以上地已下者此皆據小司徒職文此三等據中地而言故注云有夫有婦乃成家自二人以至十人爲九等七六五者爲其中但彼六鄉上地無萊此據六遂上地有萊五十晦已外中地下地外內同皆三百晦耳

稍人掌令丘乘之政令丘乘四丘爲甸甸讀與惟禹敶之之敶同其訓曰乘由是改云是掌令都鄙脩治井邑丘甸縣都之溝涂云丘甸者舉中言之溝涂之人名井別邑異則民之家數存焉○丘乘繩證反注丘乘曰乘丘甸井爲甸甸讀禹敶之敶皆同音〔疏〕稍人至政令○釋曰云掌令丘乘之政令者四井爲邑四邑爲甸甸出長轂一乘故云丘乘不言令井邑者舉中而言也言令者謂三等采地之中爲溝涂之法耳○注丘乘至存焉○釋曰丘乘四丘爲甸據小司徒而言之也云甸讀與惟禹敶之之敶同者案毛詩云惟禹甸之不言敶者

鄭先通韓詩此據韓詩而言𠻳𠻳是軍陳故訓爲乗言由是改云者由甸出車一乘可以爲軍故改云乘不爲甸也云是掌令都鄙脩治井邑丘甸縣都之溝涂云丘甸者舉中言之者此據小司徒職云四井爲邑四邑爲丘四丘爲甸四甸爲縣四縣爲都而言也知直令爲溝涂者以下文云若有會同則以縣師之法作其同徒彼是令軍法明此惟令治溝涂而已云溝涂之人名井別邑異則民之家數存焉者謂甸方八里其中六十四井使出田稅外加一里三十六井使治溝洫不出稅云民之家數存者假令上地一井地有九夫中央一夫助入公傍八夫各治一夫以自入則一井地有九夫家則有八四井爲邑三十二家據一成而言則三十六井使治溝涂各有人名故云溝涂之人名井別邑異民之家數存在於一成之中矣

若有會同師田行役之事則以縣師之灋作其同徒輂輦帥而以至治其政令以聽於司馬有軍旅會同田役之戒縣師受法於司馬邦國都鄙稍甸郊里唯司馬所調以其法作其衆庶及馬牛車輦會其車人之卒伍使皆備旗鼓兵器以帥而至是以書令之耳其所調若在家邑小都大都則稍人用縣師所受

司馬之法作之師之以致於司馬也同徒司馬所調之同凡用役者不必一時皆徧以人數調之使勞逸遞焉○輂居録反卒伍子忽反調徒弔反下同徧音遍遞徒禮反又音弟本又作適音〔疏〕若有至司馬○釋曰云若者此等或有或無故云若爲不定之辭也云會同者謂時見曰會殷見曰同云師田者謂出師征伐及田獵云行役者謂巡守及與役云則以縣師之法作其同徒者稍人屬縣師縣師屬大司馬大司馬得王進止縣師即受法於司馬縣師既得法稍人又受法於縣師故云以縣師之法作其同徒也既作同徒乃致與大司馬故云以聽於司馬也○注有軍至遞焉○釋曰有軍旅會同田役之戒縣師受法於司馬邦國都鄙稍甸郊里唯司馬所調者縣師注云郊里郊所居也謂六鄉之民布在國中外至遠郊故有居在郊者也云以其法作其衆庶及馬牛車輦會其車人之卒伍使皆備旗鼓兵器以帥而至者並縣師職云其間云縣師及邦國都鄙稍甸郊里唯司馬所調以其法並鄭所加加之者欲見縣師受法於司馬稍人又受法於縣師之意也云是以書云令之耳者此鄭君之言是以此稍人書而令作其同徒之事云其所調若在家邑小都大都則稍人用縣師所受司馬之法作之師之以致於司馬也者此鄭取縣師之文合於此經共文此稍人受法於縣師所

受司馬之法云同徒司馬所調之同者此即縣師受法於司馬者也云凡用役者不必一時已下此釋其同徒同其勞逸遞等也

大喪帥蜃車與其役以至掌其政令以聽於司徒 蜃車及役遂人共之稍人者野監是以帥而致之既夕禮曰既正柩賓出遂匠納車于階間則天子以至于士柩路皆從遂來〔疏〕大喪至司徒○釋曰此經釋天子之喪將葬使稍人帥蜃車及役人使至之事云以聽於司徒者以其司徒地官卿掌徒庶之政令故稍人帥衆以聽於司徒也○注蜃車至遂來○釋曰鄭知蜃車及役遂人共之者案遂人職云大喪帥六遂之役而致之又云及葬帥而屬六紼又遂師職亦共上龍及蜃車之役故知遂人共之也云稍人者野監是以帥而致之者此欲釋得在稍人之意以其監三等采地是野監故得并監六遂蜃車之事也云天子以至于士柩路皆從遂來者此經上舉天子既夕下舉士則其中有諸侯卿大夫之喪蜃車柩路皆從遂人而來可知

委人掌斂野之賦斂薪芻凡疏材木材凡畜聚之物 野謂遠郊以外也所斂野之賦謂野之園圃山澤之賦也凡疏材草木有實者也凡畜聚之物瓜瓠

葵芋禦冬之具也野之農賦旅師斂之工商嬪婦遂師以入
玉府共牧則遂師又以共野牲○斂力豔反畜勑六反注同
芋于附反【疏】注野謂至野牲○釋曰委人所斂皆據六遂以外
至王畿故鄭云野謂遠郊以外揔言之也云所斂
野之賦謂野之園圃山澤之賦也者此則九職所出貢賦
通言之九職之中有園圃毓草木又有虞衡作山澤之材故
以園圃山澤言之也云凡疏材草木有實者也者疏是草之
實材是木之實故鄭並言之九職中有臣妾聚斂疏材鄭彼
注云疏材百草根實不以木解材文略也彼臣妾聚斂雖無
貢法要知此疏材亦是草木有根實者鄭不言根亦略言之
也云凡畜聚之物瓜瓠葵芋禦冬之具也者七月詩有八月
斷壺壺瓠也有甘可食者信南山詩疆埸有瓜士喪禮又有
葵菹芋故知畜聚物中有瓜瓠葵芋之等但士喪禮籩豆差
之葵菹芋芋爲長菹不得爲芋子其南方有芋子堪食與士
喪禮芋別也云野之農賦旅師斂之者即上旅師所云聚野
之耡粟之等是也云工商嬪婦遂師以入玉府者案遂師云
入野職野賦于玉府雖不言工商嬪婦但遂師既入野之賦
貢明嬪婦工商之賦也知者以其玉府掌玩好之物其工商
嬪婦所作堪爲玩好故入玉府者工商嬪婦也云其牧則遂
師又以共野牲者上遂師云凡國祭祀共其野牲是知九職

之中藪牧養鳥獸　以稍聚待賓客以甸聚待羇旅　者遂師共之也〔疏〕以稍至羇旅○釋曰委人掌斂野賦聚凡畜聚之物也故書羇作奇杜子春云當爲羇○聚俗裕反下文同　故以三百稍地之聚二百里甸之聚以待羇旅過客之等○注聚凡至爲羇○釋曰鄭知聚是凡畜聚者見上文凡畜聚之物故知此聚亦是畜聚之物　凡其余聚以待頒賜　余當爲餘聲之誤也餘謂縣都畜聚之物〔疏〕注余當至之物○釋曰知餘聚是縣都者以其委人掌斂野物從二百里至王畿上已云甸稍明此言餘聚是縣四百里都五百里中畜聚之物如上稍甸畜聚之物也　以式灋共祭祀之薪蒸木材賓客共其芻薪喪紀共其薪蒸木材軍旅共其委積薪芻凡疏材共野委兵器與其野囿財用　式法故事之多少也薪蒸給炊及燎麤者曰薪細者曰蒸木材給張事委積薪芻者委積之薪芻也軍旅又有疏材以助禾粟野委謂廬宿止之薪芻也其兵器謂守衛隩兵之器也野囿之財用者苑

圉蕃羅之材○蘿音羅本亦作羅〔疏〕以式至材用○釋曰此一經以委人掌斂野賦故所有委積皆供之○注式法至之材○釋曰云式法故事之多少也者揔此一經皆當依舊法式用之故以法式目之也云薪蒸給炊及燎者以其祭祀所用薪蒸無過炊米與燔燎也知麤者曰薪細者曰蒸者左氏傳云其父析薪薪既云析析明其大者曰薪其蒸不言析明其細也云木材給張事者以其祭祀而云木材等更無用木材之處案掌次云張大次小次及幕並須木材明據此所用故云給張事云委積薪芻者委積之薪芻也者案大行人掌客皆有委積委積之中有牲牢米禾薪芻之等委人所供惟供薪芻鄭恐委積之中有米牲牢亦供之故云委積薪芻是委積之中供薪芻以別之也云軍旅又有疏材以助禾粟者以其疏材是百草根實可得助禾粟以供馬牛故云助禾粟也云野委謂廬宿止之薪芻也者案遺人云十里有廬廬有飲食三十里有宿宿有委五十里有市市有積委積之中有芻薪在野外故云野委也其六鄉之廬宿委積薪芻自六鄉供之云其兵器謂守衛陳兵之器也者其文承野委之下明與野委同為賓客所用故知是守衛賓客陳兵之器也云野囿之財用者苑囿藩羅之材者委人所為皆據二百里上經稍聚待賓客據二百里此囿故知在野故鄭以野囿

言之古者田獵皆在囿故書傳云御之取於囿是勇力取今之取於澤是揖讓取若然田在澤澤中有囿田在山山中有苑其苑囿藩羅以遮禽獸故云野囿野用也

凡軍旅之賓客館焉 館舍也必舍此者就牛馬之用〔疏〕凡軍至館焉〇釋曰言軍旅賓客者謂諸侯以軍旅助王征討者故謂之軍旅之賓客也

土均掌平土地之政以均地守以均地事以均地貢 政讀爲征所平之稅邦國都鄙也地守虞衡之屬地事農圃之職地貢諸侯之九貢〇之政音征出注〔疏〕注政讀至九貢〇釋曰鄭破政爲征者不取於政教之政故破從征稅之征也云所平之稅邦國都鄙也者案下文云以和邦國都鄙者故知此平者亦據邦國都鄙若六鄉六遂及公邑征稅自均人平之云地守虞衡之屬者案下文山虞澤虞川衡林衡之屬皆云守故知地守是虞衡之屬也云地事農圃之職者九職任萬民使民事之故知地事是九職三農園圃之職也云地貢諸侯之九貢者此土均邦國都鄙而云均地貢明據大宰九貢而言但諸侯九貢是歲之常貢則小行人春令入貢者是也其諸侯九貢皆民之地稅不貢王市取美物若禹貢厥篚厥貢之類是也 **以**

和邦國都鄙之政令刑禁與其施舍禮俗喪紀祭祀皆以地媺惡爲輕重之灋而行之掌其禁令施讀爲弛也禮俗邦國都鄙民之所行先王舊禮也君子行禮不求變俗隨其土地厚薄爲之制豐省之節耳禮器曰禮也者合於天時設於地財順於鬼神合於人心理於萬物○爲于僞反省所景反

【疏】以和至禁令○釋曰土均主調即是和義故土均以和畿外邦國畿內都鄙之政令及五刑五禁與其施舍不役之等並須調和之使之得所也云禮俗喪紀祭祀皆以地媺惡爲輕重之法而行之者自禮俗喪紀祭祀三事皆以地之美惡輕重者地美則重行之地惡則輕行之以其禮許儉不非無故也云掌其禁令者恐有僭踰與下逼故禁令也○注施讀至萬物釋曰云施讀亦爲弛也者上遂人注已云施讀爲弛故此云亦云禮俗邦國都鄙民之所行先王舊禮也者此土均和邦國都鄙俗者續也續代不易是知先王舊禮故引曲禮君子行禮不求變俗以證之謂若周公封康叔於殷墟其民還行殷之禮俗者也云隨其土地厚薄爲之制豐省之節耳者以厚薄解經媺惡豐省解經爲輕重之法也云禮器曰禮也者

合於天時者天有四時四時生者則將爲禮是合於天時也云設於地財者土地有財爲禮是所設依於地之財也云順於鬼神者鬼神享德不享味若不合天時不設地財而爲禮則鬼神不享若能合天時設地財則鬼神享之是順於鬼神也云合於人心者若不合天時不設地財則不合人心若合天時設地財則合人心也云理萬物者若順鬼神合人心則萬物得其道理故可以理萬物也引之證行禮依地美惡之義

草人掌土化之法以物地相其宜而爲之種

土化之法化之使美若汜勝之術也以物地占其形色爲之種黃白宜以種禾之屬○相息亮反種章勇反注除種禾以外並同汜芳劒反李又音凡〔疏〕草人至之種○釋曰掌土化之法者即下經所云糞種是化土使和美○注土化至之屬○釋曰云化之使美者謂若騂剛用牛糞種化騂剛之地使美也云若汜勝之術也者漢時農書有數家汜勝爲上故月令注亦引汜勝故云汜勝之術也云黃白宜以種禾之屬者鄭依孝經緯援神契而言也

凡糞種騂剛用牛赤緹用羊墳壤用麋渴澤用鹿鹹

潟用貆勃壤用狐埴壚用豕彊檃用蕡輕爂用犬凡所以糞種者皆謂煑取汁也赤緹縓色也渴澤故水處也潟鹵也貆貒也勃壤粉解者埴壚黏疏者強檃強堅者輕爂輕脆者故書騂爲挈墳作盆杜子春挈讀爲騂謂地色赤而土剛強也鄭司農云用牛以牛骨汁漬其種也謂之糞種墳壤多盆鼠也壤白色蕡麻也玄謂墳壤潤解○糞粉運反本亦作糞緹音抵李它奚反鼂吐弟反墳符粉反麋音眉渴其列反潟音昔一音鵲貆呼九反又音九李一音喜元反埴時力反一音職壚音盧李一音閭強其兩反注同檃本又作㯺呼覽反劉音檻蕡扶云反一音蒲悶反爂孚照反李音婦堯反縓七絹反鹵音魯貒它官反解胡買反下同瓫符粉反

［疏］凡糞至用犬○釋曰案禹貢冀州云白壤青州云白墳兖州云黑墳徐州云赤埴墳揚州荊州云塗泥豫州云墳壚梁州云青黎雍州云黃壤九等與此騂剛之屬爲九等不同者以禹貢自是九州大判各爲一等此九等者無妨一州即有此九等之類故不同也○注凡所至潤解○釋曰云凡所以糞種者皆謂煑取汁也者雖無正文以意量之用牛羊之類不可以骨肉明煑取汁和種也云赤緹縓色也者爾雅云一染謂之縓故以縓赤當之也云渴澤

故水處也者以水鍾曰澤今澤云潟明是故時停水今乃潟
鹵故云故水處也云潟鹵也者送水之處水以寫去其地爲鹹
鹵故云潟鹵也云貆貒也者案爾雅云貒子貒或曰貆故以
貆貒爲一也云勃壤粉解者壤是和緩故爲粉解也云埴壚
黏疏者以埴爲黏以壚爲疏故云黏疏也云彊㯺彊堅者以
㯺爲鹽故爲彊堅云輕㶊輕脆者㶊脆聲相近故知㶊即脆
也先鄭云用牛以牛骨汁漬其種也者此與後鄭義合也云
墳壤多蚡鼠也壤白色後鄭皆不從者餘八等之地皆據地
之形色唯此墳壤以蚡鼠外物爲名於義不可故還從墳爲
正謂潤解也又禹貢有黄壤則此壤不得專據白色解之故
不從壤
白色也

稻人掌稼下地以水澤之地種穀也謂之稼者有似嫁女相生（疏）稻人掌稼下地○釋曰以下田種稻麥故云稼下地

以瀦畜水以防止水以溝蕩水以遂均水以列舍水以澮寫水以涉揚其芟作田鄭司農說瀦防以春秋傳曰町原防規偃瀦以列舍水列者非一道以去水也以涉揚其芟以其水寫故得行

其田中舉其芟鉤也杜子春讀蕩爲和蕩謂以溝行水也玄謂偃豬者畜流水之陂也防豬旁隄也遂田首受水小溝也列田之畦畛也澮田尾去水大溝作猶治也開遂舍水於列中因涉之揚去前年所芟之草而治田種稻○畜勑六反注同蕩如字李吐黨反列祿計反注同澮古外反寫戚如字劉殤故反芟所銜反町徒項反去起呂反下同畦劉音圭又下圭反畛音劣 疏 ○以豬至作田○釋曰所爲防豬之法皆具鄭注○注鄭司至種稻○釋曰春秋傳者事在襄二十五年楚蔿掩書土田法以授子木之事彼云町原防規偃豬是楚之惡地有防豬之法與此防偃同故引爲證也先鄭云以列舍水列者非一道去水也者以舍爲舍去之舍後鄭以爲止舍之舍以澮是寫去水以舍爲止水於其中故不從先鄭也

凡稼澤夏以水殄草而芟夷之

殄病也絕也鄭司農說芟夷以春秋傳曰芟夷蘊崇之今時謂禾下麥爲荑下麥言芟刈其禾於下種麥也玄謂將以澤地爲稼者必於夏六月之時大雨時行以水病絕草之後生者至秋水涸芟之明年乃稼○荑音夷蘊紆粉反或憂羣反涸胡洛反 疏 注殄病至乃稼○釋曰春秋傳者隱六年五月鄭伯侵陳大獲往歲鄭伯請成於陳陳侯不許五父諫云周任有言曰爲國家

者見惡如農夫之務去草焉芟夷蘊崇之注云芟刈薀積崇聚也絕其本根勿使能殖引之者證芟夷爲刈殺之義也玄謂必於夏六月之時大雨時行者此月令文引之證經夏以水殄草之義也云至秋水涸芟之者解經芟夷之義也

澤草所生種之芒種鄭司農云澤草之所生其地可種芒種芒種稻麥也○芒種章勇反注芒種同（疏）澤草至芒種○釋曰澤草所生種之芒種者但水鍾曰澤有水及鹹鹵皆不生草郎不得芒種故云草所生

旱暵共其雩斂稻人共雩斂稻急水者也鄭司農云雩事所發斂○暵呼但反斂戚力驗反注同（疏）旱暵共其雩斂○釋曰此旱雩據夏五月已後脩雩云暵者旱之熱氣若四月龍見而雩未必旱暵也然二種雩皆供雩斂也○注稻人至發斂○釋曰鄭意餘官不言共雩斂於此官特言共者以稻是水穀急須水故旱時特使共共雩之發斂也

喪紀共其葦事葦以闉壙禦濕之物○闉音因（疏）注葦以至之物○釋曰春秋左氏有井闉闉塞也鄭知葦以闉壙所以約之爲塞壙言禦水之物則在棺下用之或以抗席即是禦土與禦水義乖恐非也

土訓掌道地圖以詔地事道說也說地圖九州形勢山川所宜告王以施其事也若云荆揚地宜稻幽并地宜麻○麻如字一本作麋李及聶氏亡皮反劉沈皆作麋音紀倫反案注辨土所宜荆揚皆言穀幽并不應論獸紀倫之音恐非疏注道說至宜麻○釋曰其九州地圖乃是諸國所獻以入職方今土訓乃於職方取九州地圖依而說向正使依而責其貢獻之物云若云荆揚地宜稻幽并地宜麻者案職方荆揚之州實宜稻幽并之州並不言宜麻者鄭以目驗見宜麻職方不言麻乃非民所要用故也

道地慝以辨地物而原其生以詔地求地慝若障蠱然也辨其物者別其所有所無原其生生有時也以此二者告王之求也地所無及物未生則不求也鄭司農云地慝地所生惡物害人者若虺蝮之屬○慝他得反虺虛鬼反蝮孚目反疏注地慝至之屬○釋曰云若障蠱然也者謂土地所生惡物障即障氣出於地也蠱即蠱毒人所爲也云別其所有所無者若職方九州所有所無也云原其生生有時也者雖是當州所有而生有時也云以此二者告王之求也者謂辨地物原其生者告王求地所有也地所無及物未生則不求也先鄭云地慝所生惡物害

人者若虺蝮之屬者此與後鄭障蠱義不同引之在下亦得爲一義也

王巡守則夾王車

巡守行視所守也天子以四海爲守○行下孟反

疏 注巡守至爲守○釋曰夾王車者亦在國掌道地圖已下之事鄭云行視所守也者此解諸侯爲天子守土云天子以四海爲守者此解天子自守天下之義若巡守之中含此二義

誦訓掌道方志以詔觀事

說四方所識久遠之事以告王觀博古所識若魯有大庭氏之庫殽之二陵

疏 誦訓至觀事○釋曰云掌道方志者志即今之識也謂道四方所記識久遠之事以告王也云以詔觀事者謂告王觀博古之事也○注說四至二陵○釋曰左氏傳昭十八年宋衛陳鄭皆火梓慎登大庭氏之庫以望之注云大庭氏古國之君在黃帝前其處高顯殽之二陵僖三十二年秦之蹇叔子見師襲鄭哭而送之曰晉人禦師必於殽殽有二陵焉其南陵有夏后皐之墓也其北陵文王之所避風雨也並所識久遠之事故引之以證方志之義

掌道方慝以詔辟忌以知地俗

方慝四方言語所惡也不辟其忌則其方以爲苟於言語也知地俗博事也鄭司農云以詔辟忌不違其俗也曲禮曰君子行禮不求變俗○

辟音避注同疏掌道至地俗○釋曰誦訓又掌說四方言語所惡之事以詔告令王避其忌惡所以然者使王博知地俗言語之事故鄭云博事也○注方慝至變俗○釋曰引曲禮君子行禮不求變俗者上土均云禮俗注亦引此文彼謂先王舊俗是禮事不變之此引不求變俗謂不變其鄉俗所嫌惡皆是不求變俗各證一邊之義故不同也

王巡守則夾王車疏王巡至王車○釋曰此亦與土訓同各以所掌以告王也

山虞掌山林之政令物爲之厲而爲之守禁物爲之厲每物有蕃界也爲之守禁爲守者設禁令也守者謂其地之民占伐林木者也鄭司農云厲遮列守之○爲守者于僞反下爲久同疏山虞掌至守禁○釋曰案下文林自有衡官掌之令山虞兼云林者彼林是竹木生平地者林衡掌之此山林并云者自是山內之林即山虞兼掌之○注物爲至守之○釋曰但山內林木金玉錫石禽獸所有不同每物各有藩界設禁亦不同云守者謂其地之民占伐林木者也者案下澤虞職云使其地之人守其財物以時入之于玉府頒其餘于萬民彼是其地之民占取澤物者守之明此山虞所守亦然是以此下文亦令萬民時斬材有期日

明是守山林之人也**仲冬斬陽木仲夏斬陰木**鄭司農云陽木春夏生者陰木秋冬生者若松柏之屬玄謂陽木生山南者陰木生山北者冬斬陽夏斬陰堅濡調○濡感如兖反又音柔〔疏〕注鄭司至濡調○釋曰先鄭云陽木春夏生者陰木秋冬生者若松柏之屬後鄭不從以爲山南爲陽木北爲陰木者案月令十一月日短至伐木取竹箭竹箭秋冬生不用仲夏斬之故知先鄭之義非也**凡服耜斬季材以時入之**季猶穉也服與耜宜用穉材尚柔忍也服牝服車之材○忍音刃〔疏〕凡服至入之○釋曰服謂牝服服即車平較皆有鑿孔以軫子貫之故謂之牝服也耜謂耒耜隨曲長六尺六寸車人所造者二木皆須堅刃故斬季材少木爲之云時入入者以其須堅故須依上文仲冬仲夏之時也**令萬民時斬材有期日**時斬材材斬材之時也有期日入出有日數爲久盡物〔疏〕令萬至期日○釋曰案禮記王制云草木零落然後入山林彼據萬民伐木之時謂十月之中此云萬民時斬材材亦謂十月時○注時至盡物釋曰鄭云時斬材斬材之時也者正在十月也云有期日入出有日數爲久盡物者經直云有期日鄭云有日數蓋當有

日數多少但無文不知幾日爲限也

凡邦工入山林而掄材不禁掄猶擇也不禁者山林國之有不拘日也○掄魯門反又音倫拘音俱本亦作佝音同

[疏]凡邦至不禁○釋曰上文云仲冬斬陽木仲夏斬陰木彼據堅刃之極時但國家須材不要在仲冬仲夏故此邦工入山林不禁又不言時節須即取足之故也○注掄猶至日也○釋曰此對萬民不得非時入入又有日數

春秋之斬木不入禁非冬夏之時不得入所禁之中斬木也斬四野之木可

[疏]注非冬至木可○釋曰上經云邦工入山林不禁此又云春秋之斬木不入禁與上違者上文據國家使工取擇木故非冬夏亦得入山林此據萬民取木故十月入山春秋之斬木不入禁故鄭云斬四野之木可雖斬四野木至於三月不得伐桑柘故月令季春云無伐桑柘彼注愛蠶食也

凡竊木者有刑罰竊盜也

[疏]凡竊至刑罰○釋曰此謂非萬民入山之時而民盜山林之木與之以刑罰

若祭山林則爲主而脩除且蹕爲主主辨護之也脩除治道路場壇○壇徒丹反或音禪

[疏]若祭至且蹕○釋曰此山林在畿內王國

四方各依四時而祭云則爲主者謂主當祭事者也而脩除者謂掃除糞灑云且蹕者且復蹕止行人也○注爲主至場壇○釋曰云爲主主辨護之也者案中候握河紀堯受河圖云帝立壇磬折西向禹進迎舜契陪位稷辨護注云辨護者供時用相禮儀則此云辨護者亦謂共時用相禮儀者也云脩除治道路場壇者案守祧職云其廟則有司脩除之鄭云有司恒主脩除謂掃除糞灑場謂墠即除地之處壇神位之所也

若大田獵則萊山田之野及弊田植虞旗于中致禽而珥焉萊除其草萊也弊田田者止也植猶樹也田止樹旗令獲者皆致其禽而校其耳以知獲數也山虞有旗以其主山得畫熊虎其仞數則短也鄭司農云珥者取禽左耳以效功也大司馬職曰獲者取左耳○植時力反又音值珥如志反又音耳○

疏 則山虞芟萊草木於可陳之處故云萊山田之野又及弊田植虞旗于中使民得禽牲者望見之致禽於其所而珥爲珥當爲衈謂輸禽者割取左耳以效功也○注萊除至左耳○釋曰云萊除其草萊也者謂於防南擬教戰之處芟去草萊南北二百五十步東西步數雖未聞廣狹可容六軍三

三而居一偏耳云山虞有旗以其主山得畫熊虎其仞數則短也者案司常云師都建旗大夫建物此山虞是士不建物而建旗者以其主山山多熊虎故得有旗禮緯旌旗之杠天子九仞諸侯七仞大夫五仞士三仞若軍吏是卿大夫則杠長五仞今山虞是士雖有熊虎爲旗仞數則短宜三仞必取左耳者以其聽鄉任左故皆取左耳也

林衡掌巡林麓之禁令而平其守平其守者平其地之民守林麓之部分○麓音鹿分扶問反下同〔疏〕林衡至其守○釋曰此林衡兼麓者以爾雅山足曰麓雖連於山山虞不掌以麓上有林故屬林衡也○注平其至部分○釋曰經直言平其守明不平其稅而平均其守而已故云平其地之民守林麓之部分謂部伍有多少遠近之分也

以時計林麓而賞罰之計林麓者計其守之功也林麓蕃茂民不盜竊則有賞不則罰之○蕃扶袁反〔疏〕以時至罰之○釋曰此時考校而計林麓以行賞罰者林衡之官既平民之守護林麓而會計民有功者賞之損麓之財者罰之故注云不則罰之也○

若斬木材則受灋于山虞而掌其政令法萬民入

出時日〔疏〕若斬至政令○釋曰上山虞官尊故設之是以之期此林衡若斬木材期於虞邊受焉○注法萬至之期○釋曰案山虞云仲冬仲夏及春秋是時之期號令萬民斬材有期日是日之期也

川衡掌巡川澤之禁令而平其守以時舍其守犯禁者執而誅罰之舍其守者時案視守者於其舍申戒之○〔疏〕川衡至罰之○釋曰川注瀆者皆是也水鍾曰澤澤與川不同官令川衡兼云澤者澤與川連者則川衡兼掌之謂若濟水溢爲滎滎澤滎澤則與濟連則管濟川者兼滎澤掌之如此之類皆是○注舍其至戒之○釋曰此舍其守謂川衡之官時復巡行所守之民當案視其所守守人當於其舍申重戒勑之也

祭祀賓客共川奠川奠籩豆之實魚鱐蜃蛤之屬○奠音電下同鱐所留反蜃上忍反蛤古荅反〔疏〕注川奠至之屬○釋曰鄭此注皆據醢人及籩人而言案籩人職云朝事之籩有麷蕡白黑形鹽膴鮑魚鱐醢人云饋食之豆有蜃醢蠯醢蜃蠯是蛤則魚鱐及蜃皆川中所生之物故引爲證川奠也言之屬者其有蠃醢亦是川奠故云之屬

澤虞掌國澤之政令爲之厲禁使其地之人守其財物以時入之于玉府頒其餘于萬民其地之人占取澤物者因以部分使守之以時入之于玉府謂皮角珠貝也入之以當邦賦然後得取其餘以自爲也入出亦有時日之期○當丁浪反後文皆同爲于僞反下注同疏澤虞至萬民○釋曰案上山虞林衡川衡皆不言國獨澤虞云國澤者周公設經二虞二衡文有不同皆是互見爲義故也此澤虞云以時入之于玉府頒其餘于萬民亦據中所出入玉府者多故特言之無妨山虞川衡之等亦入玉府亦是互見其義也○注其地至之期○釋曰以時入之于玉府者但萬民入澤雖無正文案王制獺祭魚然後虞人入澤梁草木零落然後入山林則萬民入澤可同時云謂皮角珠貝也者澤中所出無過此四物皮謂犀皮角麋角犀角珠出於蜯蛤蜯蛤在澤其貝亦出澤水故知之也云入出亦有時日之期者亦如山虞職所云也

凡祭祀賓客共澤物之奠澤物之奠亦籩豆之實芹茆蔆芡之屬○芹音勤茆音卯蔆音陵芡音儉疏注澤物至之屬○釋曰案籩人職加籩之

實有蔆芡𣫭𦣞之豆有茆菹加豆之實有芹菹是皆澤中所出故引證澤物之奠也言之屬者兼有深蒲昌本之等故云之屬

喪紀共其葦蒲之事葦以闉壙蒲以爲席〔疏〕注葦以至爲席○釋曰蒲以爲席者謂抗席及禮記云虞卒哭苄翦不納者是也

若大田獵則萊澤野及弊田植虞旌以屬禽屬禽猶致禽而珥焉澤虞有旌以其主澤澤鳥所集故得注析羽

〔疏〕若大至屬禽○釋曰萊所田之野一如山虞之職也○注屬禽至析羽○釋曰云屬禽猶致禽者案山虞致禽之義謂輸之於公當致之於虞旗之中而珥焉以效功此云屬禽者謂百姓致禽訖虞人屬聚之別其等類每禽取三十焉若然則致禽與屬不同而鄭云屬禽猶致禽者鄭欲明山虞澤虞文皆不足故互見爲義彼此有其事故云屬禽猶致禽而珥焉云澤虞有旌以其主澤澤鳥所集故得注析羽者以澤是鳥之所集故得建析羽之旌

迹人掌邦田之地政爲之厲禁而守之田之地若今苑也

〔疏〕迹人至守之○釋曰迹人主迹知禽獸之處故知掌邦田之地政云爲之厲禁而守之者有禽獸之

處則爲苑囿以林木爲藩羅使其地之民遮厲守之故鄭云田之地若今苑也 凡田獵者受令焉令謂時與處也〔疏〕注令謂時與處也○釋曰云時與處者謂若仲春仲夏仲秋仲冬是其時云處者謂山澤也其受令者謂夏官主田獵者 禁麛卵者與其毒矢射者爲其夭物且害心多也麛麑鹿子○麛音迷卵力管反〔疏〕注爲其至多也○釋曰此謂四時常禁案月令孟春云不麛不卵又王制云國君春田不圍澤大夫不掩羣士不麛不卵者彼以春時先乳特禁之其月令季春云餧獸之藥毋出九門者彼亦崇其春時彼鄭注云凡諸罟及毒藥禁其出九門明其常有時不得用耳云爲其夭物釋經禁麛卵者且害心多釋毒矢射者也

丱人掌金玉錫石之地而爲之厲禁以守之錫鉶也○丱革猛反又虢猛反劉侯猛反洮工猛反錫星歷反鉶以忍反劉常忍反〔疏〕丱人至守之釋曰此金玉錫石四者皆在於山言地者即山也爲之厲禁亦謂使其地之民遮護守之 若以時取之則

物其地圖而授之物地占其形色知鹹淡也授之教取者之處○啖音直覽反本亦作淡〔疏〕若以至授之○釋曰取此四者雖無四時之文當取之日應亦有時故云以時取之○注物地至之處○釋曰經云物故以占其形色言之云知鹹淡者鄭以當時有人採者嘗知鹹淡即知有金玉故以時事言之也巡其禁令行其禁明其令

角人掌以時徵齒角凡骨物於山澤之農以當邦賦之政令山澤出齒角骨物大者犀象其小者麋鹿〔疏〕角人至政令釋曰角人止應徵角物兼言齒骨者以其齒骨並是角類以細小之事因類兼掌之云以當邦賦者言農則皆有夫田出稅今以此農近山澤山澤有此骨角及齒此三者國之所須故使以時入採而稅之以當地稅民給國之事者自此已上皆不言以當邦賦者皆文不具舉此一事餘可知並是省文之義也○注山澤至麋鹿○釋曰鄭言齒角骨物者欲見不言川林直言山澤以其不出川林故特言山澤也云大者犀象其小者麋鹿者無正文鄭以意目驗而知之犀牛有角而象有牙是其

大者也月令十一月麋角解五月鹿角解是其小者也以度量受之以共財用骨入漆浣者受之以量量其餘以度度所中○浣戶翫反度度上如字下待洛反

羽人掌以時徵羽翮之政于山澤之農以當邦賦之政令翮羽本○翮戶革反疏羽人至政令○釋曰此羽人所徵羽者當入於鍾氏染以爲后之車飾及旌旗之屬也○

凡受羽十羽爲審百羽爲摶十摶爲縳審摶縳羽數束名也爾雅曰一羽謂之箴十羽謂之縳百羽謂之緷其名音相近也一羽有名蓋失之矣○摶除轉反注同劉徒端反縳劉古本反沈除轉反箴之林反緷古本反劉音渾一音戶本反李又基逺反近附近之近疏注審摶至之矣○釋曰鄭引爾雅說乃云名音相近也一羽有名蓋失之矣者規爾雅說意所以爾雅一羽則有名者只由一者十數之始十爲百數之始是名相近旣有十百故說一羽遂有名也

掌葛掌以時徵絺綌之材于山農凡葛征徵

草貢之材于澤農以當邦賦之政令草貢出澤黃紵之屬可緝績者○黃苦迥反緝七入反○〔疏〕掌葛至政令○釋曰所以徵絺綌於山農者以其葛出於山故也凡葛征者共徵絺綌之材即葛是也又云凡葛征者穊結之也云徵草貢之材于澤農者以黃紵出於澤故也經直言草貢不言黃紵者設文以互換爲義故以其絺綌亦以葛草草貢亦是黃紵者也以權度受之以知輕重長短也故書受或爲授杜子春云當爲受〔疏〕以權度受之○釋曰上角八齒骨與角不須稱直言度量此經葛草等不須量故以權度受之使知斤兩長短故也

掌染草掌以春秋斂染草之物染草茅蒐槖蘆豕首紫茢之屬○茅如字劉音妹蒐所留反茅蒐蒨也槖音託又音妒茢音列劉閭計反或音例○〔疏〕注染草至之屬○釋曰案爾雅茹蘆茅蒐郭注云今之蒨也可以染絳槖盧者爾雅無文豕首者爾雅云茢薽豕首郭注云本草曰彘盧一名蟾蠩蘭今江東呼豨首可以燭蠶蛹郭氏雖有此注不言可染何色則此槖蘆豕首未審鄭之所據也紫茢者爾雅云藐茈草郭注云

可以染紫一名茈莀廣雅云即此紫莂也言之屬以權量者更有藍皁象斗之等衆多故以之屬兼之也

受之以待時而須之權量以知輕重多少時染夏之時。染夏如玟反

（疏）注時染夏之時。釋曰案天官染人云春暴練夏纁玄秋染夏夏爲五色至秋染五色故鄭云染夏之時時謂秋時也。

掌炭掌灰物炭物之徵令以時入之灰炭皆山澤之農所出也灰給澣練（疏）注灰炭至所出。釋曰灰炭既出山澤炭之所共多。不云徵于山澤之農者義可知經略而不言也。

以權量受之以共邦之用凡炭灰之事

掌荼掌以時聚荼以共喪事共喪事者以著物也既夕禮曰茵著用荼

（疏）注共喪至用荼。釋曰云共喪事者以著物也者即引既夕禮茵著用荼是也案既夕禮爲茵之法用緇翦布謂淺黑色之布各一幅合縫著以荼柩未入壙之時先陳於棺下縮二於下横三於上乃下棺於茵上是也

徵野疏材之物以待邦事凡畜聚之物荼茅莠疏材之類也

因使掌焉徵者徵於山澤入於委〔疏〕注荼茅至委人○釋
人○畜勑六反莠音秀劉音酉○曰知掌荼所徵入委
人者以其委人掌斂野之賦凡疏材木材
所斂者衆故知此掌荼所徵亦入委人也

掌蜃掌斂互物蜃物以共闉壙之蜃互物蚌蛤之屬闉猶塞也將井槨先塞下以蜃禦濕也鄭司農說以春秋傳曰始用蜃炭言僭天子也○互戶故反蚌蒲項反御魚呂反本亦作禦〔疏〕掌蜃至之蜃○釋曰斂互物者以其互物是蜃之類故因類使兼掌之又云蜃物者共百事之蜃與下共闉壙之蜃別○注互物至子也○釋曰云互物蚌蛤之屬者案鼈人云掌取互物先鄭云互物謂有甲蒲胡龜鼈之屬此後鄭互物爲蚌蛤者彼下文別有蠯蠯即蛤故從先鄭爲龜鼈至此別爲蚌蛤亦是有甲蒲胡故也云將井槨先塞下以蜃禦濕也者案士喪禮筮宅還井槨於殯門之外注云既哭之則往施之竁中是未葬前井槨材乃往施之壙中則未施槨前已施蜃灰於椁下以擬禦濕也引春秋者是成公二年宋文公卒始厚葬用蜃炭雖二王之後不得純如天子亦用蜃故被譏引之者證天子之宜也○**祭祀共蜃器之蜃**飾祭器之屬也鬯人職曰凡四

方山川用蜃器春秋定十四年秋天王使石尚來歸蜃蜃之器以蜃飾因名焉鄭司農云蜃可以白器令色白○白器如字劉薄霸反〔疏〕注飾祭至色白○釋曰經直云蜃器之蜃鄭揔云祭器之屬不辨宗廟及社稷之器則宗廟社稷皆用蜃飾之知義然者案此注引左氏云石尚來歸蜃公羊以為宜社之肉以蜃器而盛肉故名肉為蜃是祭社之器為蜃也大行人云歸脤以交諸侯之福彼則宗廟社稷之器物謂之為脤是其宗廟社稷之器皆蜃灰飾之事也

共白盛之蜃盛猶成也謂飾牆使白之蜃也今東萊用蛤謂之叉灰云〔疏〕注盛猶至灰云○釋曰言白成謂飾牆使白之蜃也案爾雅云地謂之黝牆謂之堊黝黑也堊白也若然此經所云白盛主於宗廟堊牆也云今東萊用蛤謂之叉灰云者蜃蛤在泥水之中東萊人叉取以為灰故以蛤灰為叉灰云也

囿人掌囿游之獸禁囿游囿之離宮小苑觀處也養獸以宴樂視之禁者其蕃衞也鄭司農云囿游之獸游牧之獸○觀古亂反樂音洛〔疏〕注囿游至之獸○釋曰鄭云囿游囿之離宮小苑觀處也者案孟子文王之囿七十里芻蕘者往焉天子之囿百里並是田獵之處又書傳云鄉之取於囿是勇力取今之取於澤

是揖讓取是爲蒐狩之常處也今此云禁故知非大囿是小苑觀處也云禁者其蕃衛也者即非守門者也其守門則墨者故閽人云王宮每門四人囿游亦如之鄭云墨者使守門是也言離宮者謂於王宮之外於苑中離別爲宮故名離宮以宮外爲客館亦名離宮也先鄭云囿游之獸游牧之獸者此與後鄭義異謂獸之游非人游觀引之在下亦得爲一義故也

牧百獸　備養衆物也今掖庭有鳥獸自熊虎孔雀至於狐狸鳧鶴備焉○鶴尸各反又作鸛古亂反

〔疏〕牧百獸○釋曰此於小囿中牧養百獸言百者舉成數而言雖以百獸爲主其中亦有飛鳥故鄭注引漢之掖庭有鳥獸自熊虎孔雀至於狐狸鳧鶴備焉爲證也

祭祀喪紀賓客共其生獸死獸之物

場人掌國之場圃而樹之果蓏珍異之物以時斂而藏之　果棗李之屬蓏瓜瓠之屬珍異蒲桃枇杷之屬○枇蒲梨反或房迷反杷白加反

〔疏〕場人至藏之○釋曰場圃連言場圃同地耳春夏爲圃秋冬爲場其場因圃而爲之故並言之也○注果棗至

之屬○釋曰張晏云有核曰果無核曰蓏臣瓚以爲在地曰蓏在樹曰果則不辨有核無核則鄭不指定言不知義從何者案閭師云任圃以樹事貢草木此場人又掌之者此據祭祀喪紀賓客者場人徵斂藏之其餘則閭師徵斂之也

凡祭祀賓客共其果蓏享亦如之 享納牲○享許丈反劉凡享皆音向後放此○〔疏〕注享納牲○釋曰享納牲謂祭祀宗廟二灌後君迎牲納之於庭時后夫人薦朝事之豆籩豆籩中有果蓏之物故云享亦如之若然上言祭祀餘祭祀也

廩人掌九穀之數以待國之匪頒賙賜稍食 匪讀爲分分頒謂委人之職諸委積也賙賜謂王所賜予給好用之式也稍食祿廩○匪音分亦如字下音班食音嗣注同好呼報反○〔疏〕廩人至稍食○釋曰廩人掌米倉人掌穀今廩人云九穀者以廩人雖專主米亦兼主穀故以九穀言之也○注匪讀至祿廩○釋曰破匪爲分者米穀井是匪所盛之物又以爲廬宿市在道分頒義合故不爲匪也云分頒謂委人之職諸委積也者委人委積之文具於彼云賙賜謂王所賜予給好用之式也者此即九式之中九

曰好用之式是也故彼注好用燕好所賜予也云稍食祿稟者此即司士以功詔祿又王制云下士視上農夫九人祿中士倍下士之類是也源織洪有數名春秋桓十四年八月御廩災天子亦有御廩單云廩則平常藏米之廩此不言御廩則廩中可以兼之矣明堂位魯有米廩有虞氏之學以有虞氏尚孝合藏粢盛之委故名學爲米廩并廩爾也詩云亦有高廩又云萬億及秭注云廩所以藏粢盛之穗以其萬億以及秭數多非藏米之數故以藏穗言之與常廩御廩又異

歲之上下數邦用以知足否以詔穀用以治年之凶豐數猶計也。上下時掌反司稼職同數色主反注同〔疏〕以歲至凶豐釋曰上下即豐凶廩人之官以歲之豐凶得稅物多少之帳計國之用以知足否若歲凶稅物少而用多則不足廩人既知多少足否乃詔告在上用穀之法以治年之凶豐此則王制云制國用必於歲之杪者是也

凡萬民之食食者人四鬴上也人三鬴中也人二鬴下也此皆謂一月食米也六斗四升曰鬴〔疏〕凡萬至下也。釋曰此謂給萬民糧食之法故云凡萬民之食食者謂民

食國家糧食者人四鬴上也上謂大豐年也人食三鬴中也謂中豐年人食二鬴下也謂少儉年此雖列三等之年以中年是其常法鬴當今六斗四升即今給請亦然。注此皆至曰鬴。釋曰知此皆謂一月食米者計中歲須祿人食三鬴不得爲數月古今皆月月給請故知此皆一月食米也六斗四升曰鬴昭公傳晏子辭

若食不能人二鬴則令邦移民就穀詔王殺邦用就穀就都鄙之有者殺猶減也。殺所界反下注同〔疏〕若食至邦用。釋曰此即穀梁傳所云五穀不熟謂之大侵謂大凶年之時用如此法也。注就穀至有者。釋曰知就都鄙之有者此據天子畿內六鄉六遂及公邑純屬天子與三等采地不同若民有不能人二鬴之歲移民就賤當先鄉都鄙三等采地之中都鄙亦凶乃出鄉畿外也故知就都鄙之有者也。

凡邦有會同師役之事則治其糧與其食行道曰糧謂糒也止居曰食謂米也。糒音備〔疏〕凡邦至其食。釋曰此會同師役皆有軍人給糧食故須治之使均給之也。注行道至米也。釋曰案書傳云行而無資謂之乏居而無食謂之困是止居曰食謂此稟人米也詩云乃裹

糗糧是行道曰糧謂糒也者即尚書費誓云峙乃糗糧即糒也**大祭祀則共其接盛**接讀爲一扱再祭之扱扱以受舂人舂之大祭祀之穀藉田之收藏於神倉者也不以給小用。接依注音扱初洽反劉初輒反又差及反李軌創陟反〔疏〕注接讀至小用。釋曰此即廪人兼掌御廪所藏藉田之收以供祭祀之用者也鄭必讀接爲一扱再祭之扱者此龘米與舂人舂之當須扱與舂人無取於接義故讀如特牲少牢云藏於神倉者也者據月令而言知不給小用者祭義云天子藉田千畝諸侯藉田百畝以事天地社稷先公敬之至也是不給小用也

舍人掌平宮中之政分其財守以灋掌其出入政謂用穀之政也分其財守者計其用穀之數分送宮正內宰使守而須之也而行出於廪人其有空缺則計之還入。〔疏〕舍人至出入。釋曰舍人摠主給米之事而掌平王宮中之政謂平其給米多少不得特多特少也云分其財守者財即米也故喪大記云納財朝一溢米亦謂米爲財謂分米與宮正內宰守禁之所使須與所使守之人云以法掌其出入者出謂米出於廪人以出給入謂其有空缺則還入廪人皆當以法不可虛也。注政謂至還入。釋

曰必送米與宮正内宰者此二官皆有宿衛之人須米料之數故也**凡祭祀共簠簋實之陳之**。方曰簠圓曰簋盛黍稷稻粱器〔疏〕凡祭至陳之○釋曰祭祀言凡則天地宗廟大次小祭皆有黍稷於簠簋實之陳之故云凡以廣之也○注方曰至粱器○釋曰云方曰簠圓曰簋皆據外而言案孝經云陳其簠簋注云内圓外方受斗二升者直據簠而言若簋則内方外圓知皆受斗二升者旊人云爲簋實一觳豆實三而成觳豆四升三豆則斗二升可知但外神用瓦簋宗廟當用木故易損卦云二簋可用享損卦以離巽爲之離爲日日圓巽爲木木器圓簋象是用木明矣云盛黍稷稻粱器者案公食大夫簠盛稻粱簋盛黍稷故鄭揔云黍稷稻粱器也**賓客亦如之共其禮車米筥米芻禾**致饔餼之禮。筥〔疏〕賓客至芻禾○釋曰云亦如之者亦有姜呂反又音呂簠簋實之陳之事故亦如祭祀也言賓之陳之則據饔餼及饗食之時也云共其禮車米筥米芻禾者鄭云禮致饔餼之禮案聘禮曰致饔使卿韋弁歸饔餼米百筥設于中庭車米三十車陳於門外禾三十車芻薪倍禾又案掌客上公米百有二十筥車米四十車禾五十車芻薪

倍禾侯伯米百筥車米三十車禾四十車芻薪倍禾子男米八十筥車米二十車禾三十車芻薪倍禾皆言陳是其饔餼車米筥米芻禾所陳多少之事

喪紀共飯米熬穀

飯所以實口不忍虛也君用粱大夫用稷士用粱皆四升實者唯盈熬穀者錯于棺旁所以惑蚍蜉也喪大記曰熬君四種八筐大夫三種六筐士二種四筐加魚腊焉○飯扶晚反注同熬五羔反錯七故反蚍鼻夷反蜉音孚種章勇反下同

疏

注飯所至腊焉○釋曰云飯所以實口不忍虛也者案檀弓云飯用米貝不忍虛也不以食道用美焉爾故云不忍虛也故君用粱大夫用稷士用粱者此喪大記文彼據沐時所用今引證飯者但飯米沐米與重鬲所盛用米皆同是以士喪禮云貝三實于笄稻米一豆實於筐據飯含所用下即云祝淅米管人受潘煮于垼外御者沐又云鬻餘飯盛以二鬲是其三者用米同故引沐法以證飯也但喪大記注士沐粱蓋天子之士以其士喪禮諸侯之士沐稻喪大記注又云差率而上天子沐黍與則天子飯用黍也云皆四升者用米不同別貴賤但人口大小同故知皆四升也云實者惟盈者士喪禮文故彼云主人左扱米實于右三實一貝左中亦如之又實米惟盈是也云熬穀者錯于棺旁所以惑蚍蜉也者解穀所以熬之將殯設之者將

熬穀以惑蚍蜉又有魚腊香蚍蜉欲向棺値此惑之故云所以惑蚍蜉也引喪大記者見尊卑用筐穀多少不同之意云熬君四種八筐大夫三種六筐士二種四筐加魚腊焉鄭彼注引士喪禮曰熬黍稷各二筐又曰設熬旁一筐大夫三種加以粱君四種加以稻四筐則首足皆一其餘設於左右若然天子當加麥苽六種十筐首足亦各一筐其餘亦設於左右

以歲時縣穜稑之種以共王后之春獻種也

縣之者欲其風氣燥達也鄭司農云春王當耕于藉則后獻其種也后獻其種見內宰職○縣音玄注下同穜稑直龍反下音六司稼職同見賢遍反

疏 以歲至獻種○釋曰內宰注云先種後孰謂之穜後種先熟謂之稑彼內宰上春后獻種示不敗壞且助王耕事此云歲時縣者從納不治得子即縣之以至春獻之是以先鄭云春王當耕于藉則后獻其種也

掌米粟之出入辨其物

九穀六米別爲書

疏 掌米至其物○釋曰大宰九職有九穀月令有五穀今正言粟者粟即粢也爾雅釋草粢稷也稷爲五穀之長故特舉以配米也其實九穀皆有○注九穀至爲書○釋曰九穀之名已見大宰注今云六米者九穀之中黍稷稻粱苽大豆六者皆有米麻與小

豆小麥三者無米故云九穀六米別爲書釋經辨其物也**歲終則會計其政**政用穀之多少

倉人掌粟入之藏九穀盡藏焉以粟爲主（疏）注九穀至爲主　釋曰案月令首種不入鄭注引舊記首種謂稷即種粟是五穀之長下文辨九穀此云粟是以粟爲主也**辨九穀之物以待邦用若穀不足則止餘灋用有餘則藏之以待凶而頒之**止猶殺也殺餘法用謂道路之委積所以豐優賓客之屬（疏）注止猶至之屬○釋曰知殺餘法用是道路之委積者案上遺人注委積者廪人倉人計九穀之數足國以其餘共之所謂餘法用也則彼委積是法用以此餘者爲之是豐優賓客者今倉人穀不足故止彼餘法用故鄭據遺人而言焉鄭云之屬者彼遺人注云職內邦之移用亦如此也今穀不足亦止之故云之屬**凡國之大事共道路之穀積食飲之具**大事謂喪戎（疏）注大事謂喪戎○釋曰案

左氏成公傳國之大事在祀與戎不言喪事今此喪戎不言祀者此經云共道路惟軍戎及喪在外行於道路故據而言焉祭祀遠無過在近郊之內無在道共糧之事故不言祭祀也

司祿 闕

司稼掌巡邦野之稼而辨穜稑之種周知其名與其所宜地以爲灋而縣于邑閭 周猶徧也徧知種所宜之地縣以示民後年種穀用爲法也○種章勇反注知種同徧音遍下同○疏司稼至邑閭○釋曰云巡邦野之稼者謂秋熟之時觀之矣若然春稼秋穡不云穡而云稼者穡由稼而有故本之言稼也

巡野觀稼以年之上下出斂灋 斂法者豐年從正凶荒則損若今十傷二三實除減半○斂力驗反注同疏巡野至斂法○釋曰此觀稼亦謂秋熟時觀稼善惡則知年上下豐凶以此豐凶而出稅斂之法○注斂法至減半○釋曰鄭云豐年從正者年雖豐與中平一皆從正法十一而稅之也云凶荒則損者凶荒謂年穀不熟

則減於十一而稅之云若今十傷二三實除減半者鄭舉漢法以況義十傷二三者謂漢時十分之內傷二分三分餘有七分八分在實除減半者謂就七分八分中爲實在仍減去半不稅於半內稅之以凶荒所優饒民可也

掌均萬民之食而賙其急而平其興 均謂度其多少賙稟其艱阨與所徵賦 疏 釋曰詩云缾之罄矣維罍之恥詩刺王不能富分貧以是司稼既知民之禾稼多少則使之均萬民之食減取多者以賙給其急困者云平其興者興謂徵賦當各計十一而稅不得特多特少是平其興也

舂人掌共米物 米物言非一米 疏 釋曰案上文倉人廩人言物者據米穀多者而言故鄭言米物言非一米是也

祭祀共其齍盛之米 齍盛謂黍稷稻粱之屬可盛以爲簠簋實 疏 釋曰器實曰齍則黍稷稻粱是也在器曰盛則簠簋是也故鄭摠言齍盛謂黍稷稻粱之屬屬中兼有麥苽可盛以爲簠簋之實也

賓客共其牢禮之米 謂可以實筐筥 疏 釋曰下別言饗食則此言牢禮謂饔餼之米鄭云實筐筥知非車米者以其公車米四十侯伯車米三十子男車米二十非舂人所供故

知惟謂筐筥者也若然車米出於民稅故禹貢云五百里納米是也

凡饗共其食米饗有食米則饗禮兼燕與食〔疏〕釋曰燕禮無食米食禮無飲酒若饗禮有飲酒有食米故云饗禮兼燕與食也者若然經云共其食米則饗禮俱供食米也

掌凡米事

饎人掌凡祭祀共盛炊而共之〔疏〕釋曰鄭知炊而共之者以其饎人主以炊米而盛之共王及后之六食於器今云共盛明炊而共之

共王及后之六食六食六穀之〔疏〕釋曰案醫師云和王六食六食即飯也膳夫云饋六穀六穀即六食故鄭合而解之飯

凡賓客共其簠簋之實謂致饔餼〔疏〕釋曰鄭知是致饔餼者下云饗食亦如之故知此是饔餼也

饗食亦如之

稾人掌共外內朝宂食者之食外朝司寇斷獄弊訟之朝也今司徒府中有百官朝會之殿云天子與丞相舊決大事焉是外朝之存者與內朝路門外之朝也宂食者謂留治文書若今尚

書之屬諸直上者〔疏〕釋曰天子三朝路寢庭朝是圖宗人嘉事之朝大僕掌之又有路門外朝是常朝之處司士掌之又有外朝在臯門內庫門外三槐九棘之朝是斷獄弊訟之朝朝士掌之今言外內朝明據三槐與路門外二者以其路寢庭非常朝之處也鄭引今司徒府已下說義也云宂食者謂留治文書若今尚書之屬諸直上者者亦引漢法說之謂以次當直留在朝宿不還。須以食供之宂食者宂散也外內朝上直諸吏謂之宂吏亦曰散吏以上直不歸家食稾人供之因名宂食者

若饗耆老孤子士庶子共其食士庶子卿大夫士之子弟宿衛王宮者〔疏〕釋曰耆老謂死王事者之父孤子謂死王事者之子國家春饗孤子秋食耆老及士庶子謂若宮正宮士謂適子庶子其支庶宿衛王宮者國家饗養之則亦稾人供其食也

掌豢祭祀之犬養犬豕曰豢。不於饎人言其。共至尊雖其潘瀾戔餘不可䙗也〔疏〕釋曰養犬曰豢此經是也知養豕亦曰豢者見禮記樂記云豢豕作酒非以爲禍是養豕曰豢也云不於饎人言其共至尊雖其播瀾戔餘不可褻也者以其饎人所炊米爲祭祀及共王與后並是至尊故雖米之潘瀾戔餘亦不得褻之與犬故於此言之也

附釋音周禮注疏卷第十六

婺源盧氏宣旬校定

大清嘉慶二十年重
用文選樓藏本校

知南昌府張敦仁署鄱陽縣候補知州周澍同栞

周禮注疏卷十六挍勘記　阮元撰盧宣旬摘録

附釋音周禮注疏卷第十六

旅師

云夫稅者百畮之稅 閩監毛本畮改畝

而讀爲若 宋本爲誤實

以質劑致民案入稅者名 毛本以誤若宋本名誤各

遷擬凶年振恤所輸入之入 閩本同監毛本振誤賑浦鏜云遷當還之誤○按振正字賑俗字

稍人

自諸侯來徙家 閩本同宋本余本嘉靖本監毛本徙下有於買疏引注同

甸讀與惟禹𠫯之之𠫯同　宋本嘉靖本同閩監毛本惟改維案賈疏引注亦作惟

帥之以致於司馬也　宋本致誤至

同徒司馬所調之同　賈疏余本嘉靖本同閩監毛本同徒誤司徒此本調誤謂閩本先誤謂後剜改作調今訂正

共文此稍人受法於縣師　惠挍本作共釋

委人　委人職當提行此本誤連上稍人職閩監毛本承之○今訂正

故鄭並言之　惠挍本閩本同監毛本並改并非

苑囿藩羅之材　賈疏余本嘉靖本同閩監毛本羅作蘿宋本作苑圃藩蘿之材案釋文作潘蘿云本亦作羅○按依疏則圃是囿非

云野囿之財用者　閩監毛本財改材

上經稍聚待賓客據二百里 案二當作三

土均 閩監毛本誤連上委人職不提行

施讀爲弛也 岳本閩本同宋本余本嘉靖本監毛本施讀下有亦字當據補賈疏有申釋亦字之文

理於萬物 賈疏岳本嘉靖本皆無於有者衍文案禮器本無於字

皆以地之美惡輕重者 閩監毛本美改媺非下並同

草人

凡糞種 唐石經諸本同

勃壤用狐 唐石經諸本同閩監毛本勃作勃訛

彊檃用蕡 唐石經宋本余本嘉靖本同閩監毛本彊作疆注及疏同案釋文羣經音辨皆誤作疆從土宋本載音義作彊不誤釋文檃本又作堅

輕㲁用犬 唐石經諸本同釋文㲁作興○按釋文是也與篆體合

強𩢍強堅者 宋本同嘉靖本作彊𩢍強堅者

墳壤多蚡鼠也 諸本同漢讀考作蚡壤云司農依故書作蚡如其字解之故云多蚡鼠今各本云墳壤誤鄭君則依今書作墳

元謂墳壤潤解 宋本潤作閏

故以纁赤當之也 浦鏜云赤當色字誤

以𩢍爲監 段玉裁云監當作緊

則此壤不得專據白色解之故不從壤白色也 惠挍本上白色作色白監本下白誤日

稻人

以瀦畜水　余本閩監毛本同唐石經宋本嘉靖本瀦作豬此本注及疏皆作豬

以涉揚其芟作田　唐石經宋本余本嘉靖本同閩監毛本揚改楊誤注中同

夏以水殄草而芟夷之　宋本同唐石經余本嘉靖本閩監毛本夷作薙釋文作薙音夷宋本注無案秋官薙氏經注皆作夷漢制考引此經芟夷注爲夷皆與宋本同

芟夷蘊崇之　宋本余本嘉靖本監毛本同岳本閩本蘊作薀非案釋文亦作蘊○按薀者蘊之俗字

今時謂禾下麥爲荑下麥　宋本嘉靖本荑作夷○按唐石經宋刻本凡麥字皆作麥下从夂今人作麥从夕始於前明不可不正

土訓

若云荆揚地宜稻　余本嘉靖本同閩監毛本揚改楊

幽并地宜麻　釋文麻如字一本作麋李及聶氏亡皮反劉沈皆作麇音紀倫反恐非漢讀考云以李聶

反語訂之當云一本作麋或省作麋是以誤麇及麋也

地慝若障蠱然也　余本岳本嘉靖本同宋本閩監毛本障改瘴俗字疏中同

誦訓　閩監毛本誤連上文不提行

謂告王觀博古之事也　監毛本古誤占當從閩本作博古○今訂作古

並所識久遠之事　閩本同監毛本並改并

不辟其忌　余本岳本嘉靖本同閩監毛本辟作避非釋文音經辟忌云音避注同可證注本作辟也

山虞

謂其地之民　宋本謂誤爲

厲遮列守之　禮疏云厲古列字厲禁玉藻所謂山澤列而不賦也列山氏一作厲山氏詩垂帶如厲左傳鞶厲游纓康成皆訓厲爲裂漢郊祀歌迣萬里晉灼曰迣古列字讀爲厲○按說文作迾迾者遮也列厲皆叚借

字

堅濡謂釋文堅濡戚如兖反又音柔案據戚兖音如兖反則濡本作耎考工記需字如兖反陸氏皆本戚音又音柔則仍濡字之音

凡服耜監毛本耜誤耜注及疏同

季猶稺也宋本岳本稺作穉下同

尚柔忍也岳本嘉靖本忍作刃案疏中堅刃字作刃釋文柔忍音刃

皆有鑿孔以軨子貫之浦鏜云軫譌軨從集注按○按軨字不誤或妄改作軫知其疏於車制矣軨車闌也

田止樹旗此本止作上閩監毛本同誤也據宋本余本嘉靖本訂正

林衡

掌巡林麓之禁令　唐石經諸本同釋文麓作禁案序官釋文云麓本亦作禁

民不盜竊　嘉靖本同宋本閩監毛本作竊盜

川衡

申重戒勅之也　惠校本同閩監毛本勅改飭

蜃蠯是蛤　閩監毛本蜃改蜄失其舊

澤虞

其具亦出澤水　監毛本同誤也當從閩本作其貝

芹茆蔆芡之屬　余本嘉靖本同釋文亦作蔆閩監毛本作蔆非

故得注析羽　監毛本注作註疏中同

迹人

故知掌邦田之地政　惠挍本知作云

以林木爲藩羅　惠挍本林作材此誤

且害心多也　宋本同嘉靖本閩監毛本心作必葢心字誤○按心字是此聖人教天下以仁心也疏內正作心

卝人　余本同釋文唐石經諸本作卄人

角人

以當地稅民鎰國之事者　此句當有脫誤

以共財用　監本財誤明

骨入漆浣者　釋文亦作漆浣段玉裁云浣乃垸之譌以桼和灰丸而髹也

羽人

一羽有名　宋本岳本嘉靖本羽下有則字此脫疏同

掌葛

使知斤兩長短故也　惠挍本作便知

掌染草　唐石經葉鈔釋文染作涤

茅蒐橐蘆豕首紫茢之屬　余本嘉靖本同閩監毛本橐作橐非嘉靖本首誤目

更有藍皁象斗之等　此本誤早閩監毛本改皁是也今依訂正

掌荼　釋文唐石經諸本同宋本荼作茶非注並同

掌蜃

以蜃禦溼也　釋文作御溼云本亦作禦○按漢人多用御爲禦

云互物蜯蛤之屬者　惠挍本蜯作蚌下同毛本下作蚌

此後鄭互物爲蚌蛤者閩本同監毛本蚌作蜯

是成公二年儀禮通解所載同閩監毛本二年作之時非

飾祭器之屬也宋本飾誤飭

釋曰言白成閩監毛本成改盛

囿人

掌囿游之獸禁唐石經諸本同岳本游改遊注同

注囿遊至之獸閩監毛本遊作游此本下並作游

場人

蒲桃枇杷之屬宋本岳本嘉靖本同余本閩監毛本桃改萄非

稾人

稍食祿稟嘉靖本稟作稾當據正此本疏中引注亦作祿稾

倍下士之類是也口口法有數名補是也下此本空缺二字毛本補稟字

必於歲之抄者是也浦鏜云杪誤抄

大祭祀則共其接盛釋文則接依注音扱案陸本則共其二字爲衍

接讀爲一扱再祭之扱余本嘉靖本一作壹非鄭於注中皆不用古字釋文作一扱可證

當須扱與舂人惠挍本須作須此誤

舍人此本誤連上職不提行○今訂正

士用粱岳本粱作稻非監本粱誤梁

貝三實于笲閩監毛本貝誤具下同

倉人

鄭注引舊記案記當說之誤

計九穀之數足國惠挍本下有用此脫

司祿

闕困學紀聞云孟子諸侯惡其害己也而皆去其籍趙氏注今周禮司祿之官無其職是諸侯皆去之故不復存

司稼

凶荒則損殺諸本同浦鏜云大司徒職疏兩引皆作儉有所

以凶荒所優饒民可也此本及閩本缺一頁今據監毛本互挍漢制考可作法

掌均萬民之食監毛本誤提行○今訂正

春人

賙稟其艱阨嘉靖本同宋本岳本稟作廩非

齍盛謂黍稷稻粱之屬釋文音經其齍音資注同本亦作粢案經作齍注作粢此當作粢盛

饎人嘉靖本作饎人與序官合余本舂人音義引此同小宗伯注亦作饎人

謂致飧饔余本岳本嘉靖本同監毛本飧訛飱今訂正釋文致飧音孫

槀人監毛本同釋文唐石經宋本余本作槁人漢制考困學紀聞所引同岳本改作犒人非嘉靖本作槀人與序官唐石經合是也禮說云司農讀槀爲犒蓋本書序槀飫篇服虔曰以師枯槁故饋之飲食潤澤謂之槁猶存謂之徂治謂之亂故謂之今古語皆然也小行人國有師役則令槁襘之大戴禮朝事儀亦作槁古文也兩傳皆作犒似後人所改而古無之故說文不載○今訂作槀

不還須以食供之漢制考還作復

不於饎人言其宋本余本監毛本同誤也岳本嘉靖本其作者當據以訂正

雖其潘灡戔餘不可䙝也釋文潘本或作蕃戔本亦作殘嘉靖本䙝作褻

終

附釋音周禮注疏卷第十七

盧氏宣旬校定

春官宗伯第三（疏）釋曰鄭目録云象春所立之官也宗尊也伯長也春者出生萬物天子立宗伯使掌邦禮典禮以事神爲上亦所以使天下報本反始不言司者鬼神示人之所尊不敢主之故也

鄭氏注　賈公彦疏

惟王建國辨方正位體國經野設官分職以爲民極乃立春官宗伯使帥其屬而掌邦禮以佐王和邦國禮謂曲禮五吉凶賓軍嘉其別三十有六鄭司農云宗伯主禮之官故書堯典曰帝曰咨四岳有能典朕三禮僉曰伯夷帝曰俞咨伯汝作秩宗宗官又主鬼神故國語曰使名姓之後能知四時之生犧牲之物玉帛之類采服之宜彝器之量次主之度屏攝之位壇場之所上下之神祇氏姓之所出而率舊典者爲之宗春秋禘于大廟躋僖公而傳曰夏父弗忌爲宗人又曰使宗人釁夏獻其禮禮特牲曰宗人升自西階視壺濯及豆籩然

則唐虞歷三代以宗官典國之禮與其祭祀漢之大常是也
○僉七潛反皆也俞羊朱反然也李一音由女秩音汝氏姓
如字劉音紙大廟音泰下放此隮本又
作躋子兮反升也父音甫釁虛覲反

疏

惟王至邦國○釋曰云掌邦禮以佐王和邦國者樂主和同禮主簡別案樂記云樂勝則流禮勝則離鄭云離謂析居不和恐其不和是以禮言和論語云禮之用和爲貴也○注禮謂至是也○釋曰云禮謂曲禮五者案禮序云禮者體也履也一字兩訓蓋有以也統之於心名爲體周禮是也踐而行之名曰履儀禮是也既名儀禮亦名曲禮故禮器云經禮三百曲禮三千鄭玄云經禮謂周禮也曲猶事也事禮謂今禮也其中事儀三千若然則儀禮爲曲禮今此鄭云禮謂曲禮五者對文則儀禮是曲禮周禮是經禮散文此周禮亦名曲禮是以藝文志云帝王世有損益至周曲爲之防是指此周禮爲曲禮也云吉凶賓軍嘉其別三十有六者並據下文而知鄭司農云宗伯主禮之官而引書堯典帝曰者謂舜咨四岳曰有能典朕三禮三禮者謂天地人之禮也云僉曰伯夷者四岳同辭而對共舉伯夷也云帝曰俞者俞然也然其所舉云咨伯女作秩宗者帝舜命伯夷使爲秩宗秩次也言宗伯主次序鬼神之事案彼虞書云脩五禮下又云典朕三禮三五不同者鄭義上云脩五禮

與下五玉連文五玉是諸侯所執玉則五禮非吉凶賓軍嘉之五禮故鄭云五禮公侯伯子男之禮是以禮論云唐虞有三禮至周分爲五禮若然云三禮不言五禮則三禮中含有五禮矣引國語者是楚昭王問於觀射父觀射父對此辭言名姓之後者孔服注以爲聖人大德之後云能知四時之生犧牲之物者孔服皆以爲生謂粢盛犧謂純毛色牲謂牛羊豕云玉帛之類者孔服皆以爲禮神玉帛謂若宗伯云蒼璧黄琮牲幣各放其器之色是也云采服之宜者服氏云祭祀之所服色謂若司服衮冕以下是也云彝器之量者服云量數也祭祀之器皆當其數云次主之度者服云次廟主之尊卑先後遠近之度云屏攝之位者服氏云屏猶并也謂攝主不備并之其位不得在正主之位即引曾子問云若宗子有罪居于他國庶子爲大夫其祭也祝曰孝子某使介子某執其常事又云攝主不厭祭不旅不假不綏祭不配是其攝主并之事左氏昭十八年夏五月宋衞陳鄭灾時鄭子産使子寬子上巡羣屏攝彼鄭司農云束茅以爲屏蔽祭神之處草易然故巡行之此屏攝義與國語異云壇場之所者孔云去廟爲祧去祧爲壇去壇爲墠孔又云場祭道神曾子問道而出是也云上下之神祇者孔氏云上謂凡在天之神天及日月星下謂凡在地之神謂地山林川谷丘陵也云氏姓之所

出而率舊典者爲之宗者孔氏云既非先聖之後又非名姓之後但氏姓所出之後子孫而心常能循舊典者則爲大宗大宗者於周爲宗伯云春秋禘於太廟者是文二年秋八月公羊云大事者何大祫也大祫者何合祭也其合祭奈何毀廟之主陳於大祖未毀廟之主皆升合食於大祖列昭穆序父子云躋僖公者案左氏云逆祀也時夏父弗忌爲宗人逆祀者弗忌云吾見新鬼大故鬼小躋升也謂升僖公主於閔公之上引之者證宗是宗人主鬼神也云又曰使宗人釁夏獻其禮者此哀公二十四年公子荆之母嬖將以爲夫人使宗人釁夏獻其立夫人之禮對曰無之公怒曰汝爲宗司立夫人國之大禮也何故無之對曰周公及武公娶於薛孝惠娶於商自桓以下娶於齊此禮也則有若以妾爲夫人則固無其禮也公卒立之引之者亦證宗人主禮也又引禮特牲者此特牲饋食禮是宿賓之明夕視濯主人與衆兄弟及賓入即堂下位宗人升自西階視壺濯及豆籩反降東北面告濯具注云東北面告緣賓意欲聞也引此者亦證宗人主禮也云唐虞歷三代以宗官典國之禮與其祭祀者所云虞書是虞法并云唐者堯舜道同故引虞則唐亦與虞同也言歷三代者上舉唐虞下舉周法則其中夏殷亦宗官掌禮可知故摠以三代言之也云則漢時大常是也者以代異法殊禮

有沿革故至漢時祭祀之禮使大常主之故云漢之大常是也但此宗伯主禮并下文主鬼神自分明必引諸文爲證者當時張包周孟子何休等不信周禮是周公所制以爲六國時陰謀之書故先鄭以諸文爲證也

禮官之屬大宗伯卿一人小宗伯中大夫二人肆師下大夫四人上士八人中士十有六人旅下士三十有二人府六人史十有二人胥十有二人徒百有二十人

肆猶陳也肆師佐宗伯陳列祭祀之位及牲器粢盛〔疏〕肆師至十人○釋曰此一經與下五十九官爲長此官大宗伯小宗伯肆師並別職上士已下即三職同有此官可謂別職同官者也大宗伯則揔掌三十六禮之等小宗伯副貳大宗伯之事肆師主陳祭位之等此並亦轉相副貳之事也○注肆猶至粢盛○釋曰鄭知肆師佐宗伯陳列祭祀之位者案小宗伯云掌建邦之神位肆師云立大祀用玉帛牲牷之等故知佐宗伯陳列祭祀之位也知亦陳牲器粢盛者案其職云大祭祀展犧牲繫于牢頒于職人又云祭之日表齍盛

告絜展器陳告備是其陳牲器粢盛之事也

鬱人下士二人府一人史一人徒八人鬱鬱金香草宜以和鬯鬱於物反〔疏〕注鬱鬱至和鬯。○釋曰凡敘官不以官尊爲先後有以緩急者爲先鬱人爲首者祭祀宗廟先灌灌用鬱故其職云掌陳器故宜先陳也鄭云鬱鬱金香草者王度記謂之鬯鬯即鬱金香草也云宜以和鬯者鬯人所掌者是秬米爲酒不和鬱者若祭宗廟及灌賓客則鬯人以鬯酒入鬱人鬱人得之築鬱金草煑之以和鬯酒則謂之鬱鬯也

鬯人下士二人府一人史一人徒八人鬯釀秬爲酒芬香條暢於上下也秬如黑黍一稃二米。鬯勑亮反秬其許反李其虛反稃音孚〔疏〕注鬯釀至二米。○釋曰鬯人在此者案其職云掌其秬鬯祭社禜門先用鬯故宜先言未有鬱條暢得名云條暢於上下也者若宗廟及賓客以灌地此雖無鬱至於下經用鬯祭祀者亦尸所飲以灌地灌地者其汁下入於地其氣上升於天故云條暢於上下也云秬

如黑黍一稃二米者案爾雅云秬黑黍秠一稃二米此爾雅上文云秬黑黍是一米之秬直以秬爲名下文云秠一稃二米亦是黑黍但無黑黍之名但二米之秬貴此鬯酒用二米者故鄭云秬如黑黍此據爾雅下文二米之秬其狀如上文黑黍者若然爾雅云秠一稃二米不言黑黍者爾雅主爲釋詩案生民詩云維秬維秠爾雅云秬黑黍即是維秬者爾雅云秠一稃二米即是維秠者也若然爾雅及詩云秠者即黑黍之皮以皮而見秬是以鄭志張逸問云鬯人職注云秬如黑黍一稃二米案爾雅秠一稃二米未知二者同異鄭荅云秠即其皮稃亦皮爾雅重言以曉人更無異稱也鄭云重言者秠既是皮復云稃亦皮是重言也恐人不知秠是皮故重言稃稃秠是一邊是秬故云更無異稱也

雞人下士一人史一人徒四人 案雞人職云共雞牲大祭祀夜呼旦雞又屬木在春故列職於此也 〔疏〕雞人○釋曰雞人在此者

司尊彝下士二人府四人史二人胥二人徒二十人 彝亦尊也鬱鬯曰彝彝法也言爲尊之法也 〔疏〕司尊彝○釋曰在此者案職云掌六彝六

尊之位尊彝是祭祀之事故列職於此也○注彝亦至法也釋曰彝亦尊者以其同是酒器但盛鬱鬯與酒不同故異其名耳云鬱鬯曰彝彝法也者祭宗廟在室先陳後乃向外陳齊酒之尊以彝爲法故名此鬱鬯曰彝也是以鄭云言爲尊之法也

司几筵下士二人府二人史一人徒八人筵亦席也鋪陳曰筵藉之曰席然其言之筵席通矣○鋪普吳反又音孚藉在夜反

【疏】司几筵○釋曰在此者凡祭祀先設席故其職云掌五几五席辨其用與其位故列職於此也○注筵亦至通矣○釋曰云鋪陳曰筵藉之曰席者設席之法先設者皆言筵後加者爲席故其職云設莞筵紛純加繅席畫純假令一席在地或亦云筵儀禮少牢云司宮筵於奥是也是先設者爲鋪陳曰筵藉之曰席也云然其言之筵席通矣者所云筵席惟據鋪之先後爲名其筵席止是一物故云然其言之筵席通矣

天府上士一人中士二人府四人史二人胥

二人徒二十人府物所藏言天者尊此所藏若天物然〔疏〕天府○釋曰天府在此者其職云掌祖廟之守藏大祭祀則出而陳於廟庭故亦列職於此也○注府物至物然○釋曰云府物所藏者鄭揔解府義府聚也凡物所聚皆曰府官人所聚曰官府在人身中飲食所聚謂之六府詩云叔在藪火烈具舉注藪澤禽之府也大府王府外内府泉府皆是藏財貨鄭云藏財貨曰府亦是物所藏也云言天者尊此所藏若天物然者案其職云凡國之玉鎮大寶器藏焉是尊此所藏若天物然故名此府爲天府也

典瑞中士二人府二人史二人胥一人徒十人瑞節信也典瑞若今符璽郎〔疏〕典瑞○釋曰在此者案其職云掌玉瑞玉器之藏下又云王搢大圭執鎮圭以朝日則是玉瑞祭時所執玉器所以禮神雖有餘事以事神爲主在此宜也○注瑞節至璽郎○釋曰云瑞節信也者其天子所執者若受天之應瑞然其諸侯所執者若受得王瑞亦如天之應瑞故云節信也云典瑞若今符璽郎者鄭意周時典瑞似漢時符璽郎故舉漢法而況之

典命中士二人府二人史二人胥一人徒十人命謂王遷秩羣臣之書〔疏〕典命○釋曰在此者案其職云掌諸侯之五儀諸臣之五等之命凡官之所屬義有多種以宗伯主禮及祭祀之事故凡是祭祀及禮事皆屬焉此典命遷秩羣臣亦是禮事又爵命屬陽故禮記云古者於禘也發爵賜服賞以春夏不於夏官者貴始故於春見之在此○注命謂至之書○釋曰凡言命者皆得簡策之命秩次也命出於王故云命謂王遷秩羣臣之書書即簡策是也

司服中士二人府二人史一人胥一人徒十人〔疏〕司服○釋曰在此者案其職云掌王之吉凶衣服公羊傳云命者何加我服也再命已上得命即得服故司服列職於典命之下也

典祀中士二人下士四人府二人史二人胥四人徒四十人〔疏〕典祀○釋曰在此者案其職云掌外祭祀之兆守皆有域掌其禁令

若以時祭祀則帥其屬而脩除以其職祭事故列職於此也

守祧奄八人女祧每廟二人奚四人遠廟曰祧周爲文王武王廟遷主藏焉奄如今之宦者女祧女奴有才知者天子七廟三昭三穆奚女奴也○祧他堯反奄於檢反劉於驗反爲于僞反知音智昭上招反說文作佋

〔疏〕守祧○釋曰遠廟爲祧案其職掌先王先公之廟祧若將祭祀則各以其服授尸故列職在此有奄八人者以其與女祧及奚婦人同處故須奄人通姜嫄爲八廟廟一人故八人也○注遠廟至奴也○釋曰遠廟曰祧者案祭法云遠廟爲祧有二祧享嘗乃止鄭云祧之言超也超上去意也云周爲文王武王廟遷主藏焉者案王制及祭法云王立七廟有二祧之文鄭知周之二祧是文武者鄭義二祧則祖宗是也故祭法云祖文王而宗武王鄭云祖宗通言爾是祖其有德宗其有功其廟不毀故云祧也知遷主藏焉者以其顯考已下其廟毀不可以藏遷主文武既不毀明當昭者藏於武王廟當穆者藏於文王廟可知故云遷主藏焉若文武已上父祖不可入下子孫之廟宜藏於后稷之廟祖文武既爲二祧后稷爲大祖廟不可復稱祧故不變本名稱大祖也諸侯既不可與天子

同有二祧其遷主則揔藏於大祖廟則謂大祖廟爲祧故聘禮云不腆先君之祧既拚以俟矣是也云奄如今之宦者漢以奄人爲內官○則名奄人爲宦故舉以況之也云女祧女奴有才智者亦若天官云女酒女漿女祝下文云女史之類皆女奴有才智者爲之無才智者即人奚類也云天子七廟已下並王制文七廟者據周而言若殷人已下依禮緯唐人五廟夏亦五廟殷六廟與周不同也

世婦每宮卿二人下大夫四人中士八人女府二人女史二人奚十有六人

世婦后宮官也王后六宮漢始大長秋詹事中少府大僕亦用士人女府女史女奴有才知者○少詩照反

〔疏〕世婦○釋曰名世婦者以其主婦人之事王后已下至女御言世婦舉中以爲名也在此者案其職云掌女宮之宿戒及祭祀比其具是祭祀故列職於此也云每宮卿二人者王后有六宮每宮卿二人則十二人也此主婦人則卿大夫士並奄人爲之若然天官云內小臣奄上士四人鄭云奄稱士異其賢似卿大夫不用奄人者案彼天官之內職內有婦人者皆用奄人獨此宮卿大夫士與下女

府女史奚同居不用奄非其宜但此經不言奄故鄭亦不言奄其實是奄可知是以賈馬皆云奄卿也然鄭云漢始大長秋亦見周時用奄之義也但天官惟有小臣是上士用奄人鄭即云奄稱士異其賢也若然小臣上士言奄此不言奄者但上天官共婦人同職皆巳言奄於此略而不言耳案王之六卿皆六命十二小卿皆四命此六宮十二卿不言命數亦可當小宰小司徒等十二小卿同用四命中大夫爲之以其同十二人故也

內宗凡內女之有爵者 内女王同姓之女謂之内宗有爵其嫁於大夫及士者凡無常數之言 （疏）内宗。釋曰在此者案其職云掌宗廟之祭祀薦加豆籩並是助祭之人故列職於此也○注内女至之言。釋曰言內女明是王之族內之女故云王同姓之女爲內宗也云有爵其嫁於大夫及士者但婦人無爵從夫之爵今言內女有爵明嫁與卿大夫及士周之法爵亦及士故兼言士也不言數而言凡故鄭云凡無常數之言以其王之族內之女無定數故也

外宗凡外女之有爵者 外女王諸姑姊妹之女謂之外宗 （疏）外宗

釋曰在此者案其職云掌宗廟之祭祀佐王后薦玉豆眡豆籩亦是助祭祀之人故亦列職於此也○注外女至外宗○釋曰鄭知外宗是王諸姑姊妹之女者以其稱外明非巳族故稱外宗外女也鄭不解有爵者巳於内宗注訖明此亦是嫁與大夫及士可知也言凡亦是無常數之言也

冢人下大夫二人中士四人府二人史四人胥十有二人徒百有二十人冢封土爲丘壠象冢而爲之

疏 冢人○釋曰在此者案其職云掌公墓之地辨其兆域以昭穆爲左右雖非祭祀亦是禮事故亦列職於此也○注冢封至爲之○釋曰冢封土爲丘壠者案其職云以爵等爲丘封之度注云王公曰丘諸臣曰封此臣云丘不言封亦有封可知案禮記云適墓不登壠是聚土亦爲壠故兼云壠也又禮記云古者墓而不墳又有墳稱秦漢巳下天子之丘亦謂之陵也云象冢而爲之者案爾雅山頂曰冢故云象冢而爲之也若然云丘陵亦是象丘陵爲之也

墓大夫下大夫二人中士八人府二人史四

人胥二十人徒二百人墓冢塋之地孝子所思慕之處○塋音營（疏）大墓大夫○釋曰案其職云掌凡邦墓之地域令國民族葬是掌天下萬民之墓地也不云冢云墓者禮記云庶人不封不樹故不言冢而云墓墓即葬地故鄭云墓冢塋之地孝子所思慕之處也在此者死葬之以禮亦是禮事故列職於此也

職喪上士二人中士四人下士八人府二人史四人胥四人徒四十人職主也（疏）職喪○釋曰以其主公卿大夫之喪亦是禮事故列職於此也

大司樂中大夫二人樂師下大夫四人上士八人下士十有六人府四人史八人胥八人徒八十人大司樂樂官之長○長丁丈反後皆放此（疏）大司樂○釋曰大司樂掌教國子六樂六舞等在此者以其宗伯主禮禮樂相將是故列職於此但樂師教國子小舞與大司樂職別而同府史亦謂別職同官者

也○注大司至之長○釋曰以其與樂師已下至鞮鞻氏已上爲長者

大胥中士四人小胥下士八人府二人史四人徒四十人胥有才知之稱禮記文王世子曰小樂正學干大胥佐之○稱尺證反

疏大胥○釋曰在此者案其職云掌學士之版以待致諸子與大司樂教樂同類是亦禮事故列職在此但小胥掌樂縣之法亦與大胥別職而同官者也

大師下大夫二人小師上士四人瞽矇上瞽四十人中瞽百人下瞽百有六十人眡瞭三百人府四人史八人胥十有二人徒百有二十人凡樂之歌必使瞽矇爲焉命其賢知者以爲大師小師晉杜蒯云曠也大師也眡讀爲虎眡之眡瞭目明者鄭司農云無目眹謂之瞽有目眹而無見謂之矇有目無眹子謂之瞍○矇音蒙眡音視鄭常至反瞭音了又力小反

字林同云明也杜蒯如字劉音層下苦怪反眹直忍反本又作朋或作眣劉又音瞍瞍本又作瞜素口反說文云無目也字林云目有眹無珠子也先久反

疏　大師○釋曰案其職云掌六律六同之等亦是樂事故在此此下直云瞽矇三百人無府史胥徒者以其無目不須人使是以有眡瞭三百人而已○注凡樂至之瞍○釋曰云凡樂之歌必使瞽矇爲焉者此鄭欲解作樂使瞽矇之意以其無目無所覩見則心不移於音聲故不使有目者爲之也云命其賢知者以爲大師小師者此乃師曠之徒亦無目者故引爲證也就瞽之中命大賢知爲大師其次賢知小者爲小師也其餘爲瞽矇也云眡讀爲虎眡之眡者易頤卦六四云虎眡眈眈其欲逐逐无咎是也云眡瞭目明者以其工故使有目者爲之也先鄭云無目眹謂之瞽已下案詩有矇瞍案尚書有瞽瞍於此云有瞽矇摠此三文皆文不具司農參取三處而爲三等解之諸文皆瞽在上而矇瞍在下先鄭即以瞽爲無目眹當第一無目眹謂無目之眹脉謂之瞽有目眹而無見謂之矇謂矇矇然有眹脉而無見也云有目無眸子謂之瞍者謂目精黑白分明而無眸子人者謂之瞍案其職大師少師及瞽矇眡瞭四者皆別職又無府史而并言之者以其大師少師爲長故連類言之

典同中士二人府一人史一人胥二人徒二十人同陰律也不以陽律名官者因其先言耳書曰協時月正日同律度量衡大師職曰執同律以聽軍聲○

〔疏〕典同○釋曰在此者案其職云掌六律六同以爲樂器亦是樂事故列職於此○注同陰至軍聲○釋曰同陰律也者對律而爲陽律也云不以陽律名官者謂其官不名典律而云典同也云因其先言耳者謂諸文皆先云同後云律若陰陽亦先云陰之類故以同名官也引書曰者堯典之篇彼據舜之巡守於方岳之下命史官協時月者協合也謂合四時節氣之早晚及月之大小定分云正日同律度量衡者謂正定日之甲乙陰同陽律之長短及正度之丈尺量之斗斛衡之斤兩六者皆正定之使依法又引大師職曰執同律以聽軍聲者所引之文皆證同在律上之義若然無取於時月日又度量衡連文引之耳案孔注尚書律爲法制當齊同之則同不爲陰律與鄭義別也

磬師中士四人下士八人府四人史二人胥四人徒四十人

〔疏〕磬師○釋曰在此者案其職云掌教擊磬擊編鍾并教縵樂亦是樂

事故列職於此也

鍾師中士四人下士八人府二人史二人胥六人徒六十人〔疏〕鍾師○釋曰在此者案其職云掌金奏而奏九夏以其樂事故列職於此也

笙師中士二人下士四人府二人史二人胥一人徒十人〔疏〕笙師○釋曰在此者案其職云掌教吹竽笙塤籥已下亦是樂事故列職在此也

鎛師中士二人下士四人府二人史二人胥二人徒二十人○鎛如鍾而大〔疏〕鎛師○釋曰在此者案其職云掌金奏之鼓亦是樂事故亦列職在此○注鎛如鍾而大○釋曰如鍾而大者以其形如鍾而大獨在一簴

韎師下士二人府一人史一人舞者十有六

人徒四十人

鄭司農云以明堂位曰韎東夷之樂讀如味飲食之味杜子春讀韎爲菋莖著之菋玄謂讀如韎韐之韎○韎咸莫拜反劉李音妹味食飲之味如字又莫介反菋莫戒反又音味莖直基反劉直梨反李音姪著直居反李張慮反韎師○釋曰在此者案其職云掌反韐古洽反又音閤〔疏〕教韎樂亦是樂事故列職於此也案鞮鞻氏掌四夷之樂今此特掌韎樂是周以木德王又見樂爲陽春是陽長養之方故特建此一官也○注鄭司至之韎○釋曰引明堂位者證韎是東夷之樂云讀如味食飲之味杜子春讀韎爲菋莖著之菋者讀從爾雅也此後鄭皆不從之後鄭云讀爲韎韐之韎者欲取韎爲赤色是以禮記檀弓云周人大事斂用日出鄭云日出時亦赤則東夷之樂名韎者取色赤東方之意

旄人下士四人舞者衆寡無數府二人史二人胥二人徒二十人

旄旄牛尾舞者所持以指麾〔疏〕旄人○釋曰在此者案其職云掌教舞散樂舞夷樂亦是樂事故列職於此也○經云舞者衆寡無數其職云凡四方之以舞仕者屬焉以其能

爲四夷之舞者即爲之故無數也○注旄旄至指麾○釋曰案山海經有獸如牛四節有毛是也共牛尾可爲旌旗之旄也云舞者所持以指麾者案樂師掌小舞有旄舞是舞者所持以指麾則此旄人舞夷樂而云旄人是亦舞者所持以麾者若然下鞮鞻氏云主四夷之樂兩官共掌者但鞮鞻氏掌而不教此旄人教而不掌故二官共其事也

籥師中士四人府二人史二人胥二人徒二十人

籥舞者所吹春秋宣八年壬午猶繹萬入去籥傳曰去其有聲者廢其無聲者詩云左手執籥右手秉翟○籥餘若反繹音亦祭之明日又祭也字書作釋去起呂反下同

〔疏〕籥師○釋曰在此者案其職云掌教國子舞羽吹籥則此籥師所掌以教國子文樂左手執籥右手秉翟故名官爲籥師也○注籥舞至秉翟○釋曰案公羊宣八年傳文辛巳有事于大廟仲遂卒于垂壬午猶繹萬入去籥傳曰去其有聲者廢其無聲者張逸問籥師注春秋傳曰去其有聲者廢其無聲者何謂鄭荅廢置也於去者爲廢故曰廢若然辛巳日有事於大廟仲遂卒卿佐卒輕於正祭則重於繹祭則不停正祭合停繹祭至於明日壬午仍爲繹祭故孔子爲經加猶以尤之但宣公乃有慼心於作樂之時去其

有聲者用其無聲者也詩云左手執籥右手秉翟
引之與詩者證籥師教國子舞羽吹籥之事也

籥章中士二人下士四人府一人史一人胥
二人徒二十人籥章吹籥以爲詩章疏籥章○釋曰在此者案其職云掌土鼓豳籥亦是樂事故列職於此○注籥章至詩章○釋曰案其職有豳詩豳雅豳頌是吹籥以爲詩章故官名籥章也

鞮鞻氏下士四人府一人史一人胥二人徒
二十人鞻讀如屨也鞮屨四夷舞者所屝也今時倡蹋鼓沓行者自有屝○鞮丁兮反許慎云屨也鞻九具反又力具反呂忱云鞮革履也鞻者幹鞻屝房味反蹋徒臘反李吐臘反沓它荅反又如字疏鞮鞻氏釋曰在此者案其職云掌四夷之樂與其聲歌亦是樂事故列職於此也○注鞻讀至有屝○釋曰此鄭讀從屨人之屨也案鄭注曲禮云鞮鞻無絇之屝也此鞮鞻亦是無絇之屝彼爲大夫欲去國行喪禮之屨此爲四夷舞者所屝其屨無絇一也云今時倡蹋鼓沓行者自有屝者謂漢時倡優作樂蹋地之人并擊鼓沓沓作聲者行自有屝屨引之者證四夷舞者亦

自有屏與中國不同也

典庸器下士四人府四人史二人胥八人徒八十人庸功也鄭司農云庸器有功者鑄器銘其功春秋傳曰以所得於齊之兵作林鍾而銘魯功焉〔疏〕典庸○釋曰在此者案其職掌藏樂器庸器亦是樂事故列職於此○注庸功至功焉○釋曰先鄭所引春秋者左氏襄十九年季武子與晉師伐齊以所得齊之兵作林鍾而銘魯功焉臧武仲謂季孫曰非禮也夫銘天子令德諸侯言時計功大夫稱伐今稱伐則下等也計功則借人也言時則妨民多矣何以爲銘引之者見其庸器之義

司干下士二人府二人史二人徒二十人干舞者所持謂楯也春秋傳曰萬者何干舞也○楯食允反又音允〔疏〕司干○釋曰在此者案其職云掌舞器祭祀授舞器亦是樂事故列職於此也○注干舞至舞也○釋曰云干舞者所持謂若樂師云干舞則小舞也其夏官司兵云掌五兵祭祀授舞者兵則五兵俱掌但無干耳然彼注云謂朱干玉戚者鄭連言朱干耳

大卜下大夫二人卜師上士四人卜人中士八人下士十有六人府二人史二人胥四人徒四十八人問龜曰卜大卜卜筮官之長〔疏〕大卜○釋曰此大卜有卜師及卜人皆士官而卜人無別職者以其助大卜卜師行事故也其卜師則與大卜別職亦是別職同官在此者案其職曰掌三兆三易之等但著龜卦兆有生數成數之鬼神是鬼神之事故列職於此也○注問龜至之長○釋曰卜赴也赴來者之心故曰卜對筮問也謂有疑來問於著二者互見爲義卜言赴來問之心亦先問乃赴筮言問者後亦赴來者之心也云卜筮官之長者謂與下龜人華氏占人筮人等爲之長也

龜人中士二人府二人史二人工四人胥四人徒四十人工取龜攻龜〔疏〕龜人○釋曰在此者與卜人連類在此○注工取龜攻龜釋曰案其職云取龜用秋時甲成之時也攻龜用春時風氣燥達之時故也

菙氏下士二人史一人徒八人燋焌用荆菙之類○菙時髓反燋哉灼反焌音俊又子寸反〔疏〕菙氏○釋曰在此者鑽龜用燋焌故與大卜連類在此○注燋焌用荆菙之類○釋曰案其職云掌共燋契即士喪禮云楚焞是也楚即荆故云用荆云菙之類者菙所以捶笞人馬用荆竹爲之此亦用荆故云菙之類也

占人下士八人府一人史二人徒八人占著龜之卦兆吉凶○著音尸〔疏〕占人○釋曰在此者案其職云掌占龜筮亦占筮之類故列職於此也

簭人中士二人府一人史二人徒四人問著曰筮其占易〔疏〕簭人○釋曰在此者案其職云掌九簭簭有生成數之鬼神故亦列職在此○注問著曰筮其占易○釋曰云問著曰筮者鄭意以筮爲問故易蒙卦云初筮告再三瀆瀆則不告是筮爲問也云其占易即易之九六爻辭是也

占夢中士二人史二人徒四人〔疏〕占夢○釋曰在此者案其

職云以日月星辰占六夢之吉凶夢是精神所感并日月星辰等是鬼神之事故列職於此

眂祲中士二人史二人徒四人祲陰陽氣相侵漸成祥者魯史梓慎云吾見赤黑之祲○祲子鴆反李且荏反〔疏〕眂祲○釋曰在此者案其職云掌十煇之法以觀妖祥辨吉凶亦是陰陽鬼神之事故列職於此

大祝下大夫二人上士四人小祝中士八人下士十有六人府二人史四人胥四人徒四十人大祝祝官之長〔疏〕大祝○釋曰大祝與小祝别職而同官故其府史胥徒在此者案其職云掌六祝之辭以事鬼神示亦是事鬼神之法故列職於此也○注大祝祝官之長○釋曰以其與下小祝喪祝甸祝詛祝等爲長也

喪祝上士二人中士四人下士八人府二人

史二人胥四人徒四十人〔疏〕喪祝○釋曰在此者案其職云掌大喪勸防之事及辟令啟亦是禮事及事鬼神之法故列職於此也

甸祝下士二人府一人史一人徒四人甸之言田也田狩之祝○甸音電後不音者同〔疏〕甸祝○釋曰在此者案其職云掌四時之田表貉之祝從事鬼神之事故列職於此

詛祝下士二人府一人史一人徒四人詛謂祝之使沮敗也○詛側慮反祝之又反沮在呂反沈音敘〔疏〕詛祝○釋曰在此者案其職云掌盟詛類造攻說禬禜之祝號亦事鬼神故列職於此注云詛謂祝之使沮敗也者凡言盟者盟將來詛者詛往過故云祝之使沮敗也

司巫中士二人府一人史一人胥一人徒十人司巫巫官之長〔疏〕司巫○釋曰在此者案其職云若國大旱則帥巫而舞雩亦是事鬼神之事故列職

於此。○注司巫巫官之長○釋曰案其職云掌羣巫之政令與下男巫女巫神士等爲師故云巫官之長

男巫無數女巫無數其師中士四人府二人史四人胥四人徒四十人巫能制神之處位次主者〔疏〕注巫能至主者○釋曰巫與神通亦是鬼神之事故列職於此案神士職云凡以神士者掌三辰之法以猶鬼神示之居注引孝經緯及國語並是制神之處位及次第主之事神士還是男巫爲之故引彼以解此

大史下大夫二人上士四人小史中士八人下士十有六人府四人史八人胥四人徒四十人大史史官之長〔疏〕大史○釋曰在此者案其職云讀禮書祭之日執書以次位常是禮事及鬼神之事也故列職於此也小史與大史別職而同官故共府史也○注大史史官之長○釋曰謂與下內史外史御史等爲長若然內史中大夫大史下大夫大史得與內史爲長者以大史知天道雖下大夫得與內史中大夫爲長是以稱大也

馮相氏中士二人下士四人府二人史四人

徒八人　馮乘也相視也世登高臺以視天文之次序天文屬大史月令曰乃命大史守典奉法司天日月星辰之行宿離不貸○馮音憑相息亮反注同宿劉息就反一音夙離力計反貸吐得反或音二　疏　馮相○釋曰在此者以其與大史同主天文故其職云掌歲月星辰之位故與大史連類在此○注馮乘至不貸○釋曰云世登高臺以視天文之次序者以其官有世功則以官名氏故云也其天子有靈臺諸侯有觀臺皆所以視天文故云登高臺也云之次序者馮相氏掌天文不變保章氏掌天文之變變則不依次序不變則如常有次序故以次序言之也云天文屬大史者案周語單子謂魯成公曰吾非瞽史焉知天道是大史知天道之事引月令曰乃命大史者證大史掌天文之事云宿離不貸者鄭彼注云離耦也謂其屬馮相氏保章氏掌天文者也謂其相與宿耦當審候伺不有差忒

保章氏中士二人下士四人府二人史四人

徒八人　保守也世守天文之變　疏　保章氏○釋曰在此者案其職云掌天星以志星辰日月之變

動以觀天下之遷故與馮相氏連類在此也○注保守至之變○釋曰以其稱氏也故稱世守天文之變也

內史中大夫一人下大夫二人上士四人中士八人下士十有六人府四人史八人胥四人徒四十人疏內史○釋曰在此者案其職云掌八枋執國法及國令之貳策命羣臣皆禮事故列職於此也

外史上士四人中士八人下士十有六人胥二人徒二十人疏外史○釋曰在此者案其職云掌書外令及三皇五帝之書亦禮書之類故列職於此

御史中士八人下士十有六人其史百有二十人府四人胥四人徒四十人御猶侍也進也其史百有二十人以

掌贄書〔疏〕御史○釋曰在此者案其職云掌贄書凡數從
人多也政者皆亦禮事故列職於此也○注御猶至多
也○釋曰其職云凡治者受法令焉
并掌贄書故其史特多復在府上也

巾車下大夫二人上士四人中士八人下士
十有六人府四人史八人工百人胥五人徒
五十人巾猶衣也巾車車官之長○巾如字劉居覲反衣於既反〔疏〕巾車○釋曰在此者案其職云
掌公車之政令辨其用與其旗物皆是禮事故列職於此也
○注巾猶至之長○釋曰巾猶衣也者謂玉金象革等以衣
飾其車故訓巾猶衣也云巾車車官
之長者謂與下典路車僕等爲長也

典路中士二人下士四人府二人史二人胥
二人徒二十人路王之所乘車〔疏〕典路○釋曰在此者案其職云掌王及后之五
路亦是禮事故列職於此也○注路王至乘車○釋曰路大
也若人君所居皆稱路故有路寢路門路馬之等皆稱路也

車僕中士二人，下士四人，府二人，史二人，胥二人，徒二十人。（疏）車僕○釋曰：在此者，案其職，五戎之倅各有差等，亦是禮事，故亦列職於此也。

司常中士二人，下士四人，府二人，史二人，胥四人，徒四十人。司常主王旌旗。（疏）司常○釋曰：在此者，案其職云掌九旗之物名，亦各有差等，亦是禮事，故亦列職於此也。○注司常主王旌旗○釋曰：九旗之別，自王已下尊卑所建不同，不專主於王。鄭云司常主王旌旗者，以王爲主，何妨尊卑皆掌。

都宗人上士二人，中士四人，府二人，史四人，胥四人，徒四十人。都謂王子弟所封及公卿所食邑。（疏）都宗人○釋曰：在此者，案其職云掌都祭祀之禮，凡都祭祀致福于國，皆是事鬼及禮事，故列職於此。○注都謂至食邑○釋曰：案載師云家邑任稍地小都任縣地大都任畺地則大夫采地不得稱都故據大都小都而言之下文家據大夫而說也此既掌祭祀不云伯而云宗人者避大官名夏官都家稱司馬得與大官同名者以其軍事是重故與大官同名也秋官都家以稱士者以其主都家萬民之獄訟以告方士故謂之士士者察也取其察審之義也

家宗人如都宗人之數家謂大夫所食采邑（疏）家宗人○釋曰在此者案其職云掌家祭祀之禮凡祭祀致福亦是共鬼之事故亦列職於此

凡以神士者無數以其藝爲之貴賤之等以神士者男巫之俊有學問才知者藝謂禮樂射御書數高者爲上士次之爲中士又次之爲下士（疏）凡以至之等○釋曰此神士還是上羣巫中有學問者抽入神士以其能處置神位故以神爲名無數者有即入之故無常數在都家之下者欲見都家神亦處置之在此者案其職云掌三辰之法當處置神之位次故列職於此

附釋音周禮注疏卷第十七

武寧盧氏宣旬校定

皇清嘉慶二十年南

用文選樓藏本校

知南昌府張敦仁署鄱陽縣候補知州周澍栞

周禮注疏卷十七挍勘記　阮元撰盧宣旬摘録

附釋音周禮注疏卷第十七 唐石經周禮卷第五

春官宗伯第三 唐石經作第五非

吉凶賓軍嘉 諸本同惠挍本作軍賓云余本仍作賓軍按惠棟當據宋本䟽作軍賓小宗伯注吉凶軍賓嘉亦本作賓軍嘉○按依大宗伯職經文次第先賓後軍則作賓軍是也自蔡沈書注曰五禮吉凶軍賓嘉也初學㓜而熟誦乃不省周禮本文矣

汝作秩宗 余本閩監毛本同岳本嘉靖本汝作女釋文出女秩二字則此注本云女秩宗也

禮特牲曰宗人升自西階 監本毛本禮誤郊毛本階誤皆

云禮謂曲禮五者 惠挍本謂作是

云吉凶賓軍嘉其別三十有六者 惠挍本作吉凶軍賓嘉○按此本非也

可謂別職同官者也　浦鏜云可疑所字誤

須于職人　惠挍本作織人賈氏據鄭讀也此依經改職非

表齍盛告絜　惠挍本同閩監毛本絜改潔非下並同

故其職云掌陳器　浦鏜云祼誤陳

復云稃亦皮　閩監毛本稃誤秠

言爲尊之法也　嘉靖本也作正

鋪陳曰筵　釋文作鋪之按釋曰所云筵席惟據鋪之先後爲名則賈本亦作鋪之矣今本作陳非

天府徒二十八人　余本嘉靖本閩監本同毛本二誤三唐石經缺

祖文武旣爲二祧　惠挍本作但文武此作祖誤

漢以奄人爲内官　閩監毛本同惠挍本漢制考作内宦

亦用士八人　余本閩監毛本同嘉靖本作亦用士人無八字此衍文當删正○按嘉靖本此條勝於各本

女奴有才知者　余本嘉靖本同閩監毛本知改智非釋文才知音智

豙人　嘉靖本閩監毛本同誤也唐石經余本作豕人注中同當據正○按字體正作豕从彑豕聲

此臣云巨　惠挍本臣作直此誤

眡瞭三百人府四人史八人胥十有二人徒百有二十人　余本嘉靖本閩監毛本同唐石經此段全缺按釋曰此下直云瞽矇三百人無府史胥徒者以其無目不須人使是以有眡瞭三百人而已然則府四人已下四句係後人臆增賈疏本無也○按前說非也賈所云瞽矇三百人者謂上瞽四十人中瞽百人下瞽百有六十人也此三百人無府史胥徒眡瞭三百人有府史胥徒故云瞽矇三百人無府史胥徒其實賈說不明經文府四人史八人胥十有二人徒百有二十人統屬於大師小師瞽矇眡瞭非瞽矇無府史胥徒也疏末云大師

少師瞽矇眡瞭四者皆别職又無府史而并言之此并言之三字正謂此府史胥徒統屬於上四官亦可證經文府四人四句非衍文由四官分職府史胥徒統屬於四官故經文合併爲一條如大司樂樂師合爲一條之例

眡讀爲虎眡之眡　余本嘉靖本閩監毛本同岳本爲作如

無目眹謂之瞽　余本岳本閩本毛本同此本眹誤眹監本誤眹今訂正嘉靖本眹作眹按釋文眹本又作眀或作睒玉篇謂眹與瞚同眮瞚亦一字也下同

云眡瞭目明者以其工　惠挍本無云其下有扶此一衍一朓

於此云有瞽矇　惠挍本云作文此誤

韎東夷之樂讀如味飲食之味　閩監毛本同嘉靖本作昧東夷之樂讀如味食飲之味釋文賈疏余本亦作味食飲之味此誤倒

杜子春讀韎爲菋荎著之菋　閩監毛本同釋文岳本嘉靖本菋作蝶漢讀考作蘈韎如

經云舞者衆寡無數惠挍本作此經云

引之與詩者證籥師教國子惠挍本之作傳籥作樂此誤○按籥是也樂非也本職可攷

鞮鞻氏唐石經諸本同惠士奇云玉篇鞮作趧○按玉篇本說文說文作趧婁

鞻讀如屨也余本嘉靖本閩監毛本同誤也岳本作鞻讀爲屨當據正

四夷舞者所屝也余本嘉靖本閩監毛本同此本屝作屝與漢制考所引同誤也今訂正文選魏都賦注引此無所字按釋文出所屝二字則無所作屝者皆非說文屝履也所屝猶云所履也○按無所字者自是古本

謂楯也余本閩監毛本同釋文出謂楯二字嘉靖本楯作盾惠挍本同○按盾者正字楯俗字

二者互見爲義惠挍本同閩監毛本爲改其

占人史二人 唐石經諸本同嘉靖本作史一人誤

亦占筮之類 閩本同監毛本占改卜

簭人 宋本余本閩監毛本同誤也唐石經嘉靖本簭作筮下從口當據以訂正此從石説

女巫無數 余本閩監毛本同皆連上文嘉靖本及惠校本别跳行下大史小史同唐石經此序缺○按經文其師以下統屬於男巫女巫則不跳行者是也此亦太師樂師一條之例

凡以神口者 閩監毛本作神士者惠挍本作神仕者云仍作士下神仕還是男巫爲之同此本兩神仕之仕字皆寳缺

宿離不貸 釋文作不貣○按貣是

以視天文之次序者 閩監毛本視誤觀

皆是事鬼及禮事 浦鏜云事鬼下疑脱神字

家謂大夫所食采邑余本閩監毛本同此本下三字實缺嘉靖本邑作地

周禮注疏卷十七挍勘記終

南昌袁泰開挍

附釋音周禮注疏卷第十八

鄭氏注　賈公彥疏

大宗伯之職掌建邦之天神人鬼地示之禮以佐王建保邦國建立也立天神地祇人鬼之禮者謂祀之祭之享之禮吉禮是也保安也所以佐王立安邦國者主謂凶禮賓禮軍禮嘉禮也目吉禮於上承以立安邦國者互以相成明尊鬼神重人事○示音祇本或作祇下神示地示之例皆倣此下卷大宗亦然佐本或作左音同享許丈反又後不音者同【疏】至邦國○釋曰大宗伯之職者以上列其官此列其職也云掌建邦之天神人鬼地示之禮者單言邦據王爲言也云以佐王建保邦國者邦國連言據諸侯爲說也○注建立至人事○釋曰云立天神地祇人鬼之禮者謂祀之祭之享之者經先云人鬼後云地祇鄭則先云地祇後云人鬼者經先云人鬼欲見天在上地在下人藏其間鄭後云人鬼者據下經陳吉禮十二先地祇後人鬼據尊卑爲次故也云禮吉禮是也者案下云以吉禮事邦國之鬼神示則此亦吉禮故云禮吉禮是

也云保安也所以佐王立安邦國者主謂凶禮賓禮軍禮嘉禮也者鄭知建保邦國中有凶禮已下者案下文其次有五禮具此經直云天神人鬼地示吉禮而已又邦國之上空云建保故云建保中有四禮也是以鄭即云目吉禮於上承以立安邦國者互相成也互相成者王國云吉禮亦有凶禮已下邦國云四禮明亦有吉禮矣以其神非人不事人非神不福故又云明尊鬼神重人事也尊鬼神者據王國特云吉禮重人事者據諸侯特言凶禮已下各舉一邊欲見五禮皆重故也

以吉禮事邦國之鬼神示事謂祀之祭之享之故書吉或爲告杜子春云書爲告禮者非是當爲吉禮書亦多爲吉禮吉禮之別十有二

疏以吉至神示○釋曰此已下敘五禮先以吉禮爲上云事邦國之鬼神示者據諸侯邦國而言者也以其天子宗伯若還據天子則不見邦國若以天子宗伯而見邦國則有天子可知故舉邦國以包王國○注事謂至有二○釋曰云事謂祀之祭之享之者還據已下所陳先後爲次若然經先云鬼與上下體例不同者欲見逢時則祭事起無常故先云人鬼也云吉禮之別十有二者從此下經以禋祀血祭二經天地各有三享人鬼有六故十二也○

以禋祀祀昊天上帝以實柴

祀日月星辰以槱燎祀司中司命飌師雨師

禋之言煙周人尚臭煙氣之臭聞者槱積也詩曰芃芃棫樸薪之槱之三祀皆積柴實牲體焉或有玉帛燔燎而升煙所以報陽也鄭司農云昊天天也上帝玄天也昊天上帝樂以雲門實柴實牛柴上也故書實柴或爲賓柴司中三能三階也司命文昌宮星風師箕也雨師畢也玄謂昊天上帝冬至於圜丘所祀天皇大帝星謂五緯辰謂日月所會十二次司中司命文昌第五第四星或曰中能上能也祀五帝亦用實柴之禮云○禋音因李又音煙槱羊九反本亦作楢音同積也燎良召反飌音風芃薄工反一音房逢反棫音域樸音卜能他來反下同圜于權反○【疏】以禋至雨師○釋曰此祀天神之三禮以尊卑先後爲次謂歆神始也○注禋之至禮云○釋曰案尚書洛誥予以秬鬯二卣明禋注云禋芬芳之祭又案周語云精意以享謂之禋義並與煙得相叶也但宗廟用煙則郊特牲云臭陽達于牆屋是也天神用煙則此文是也鄭於禋祀之下正取義於煙故言禋之言煙也云周人尚臭煙氣之臭聞者此禮記郊特牲之文也彼云殷人尚聲周人尚臭尚臭者取煙氣之臭聞於天引之者證煙義也云槱積也詩云芃芃棫樸薪之槱之者此大雅棫樸之篇

引之證槱燎得爲積也云三祀皆積柴實牲至焉或有玉帛燔燎而升煙者此司中司命等言槱燎則亦用煙也於日月言實牲至昊天上帝言煙祀則三祀互相備矣但先積柴次實牲後取煙事列於卑祀義全於昊天作文之意也但云或有玉帛則有不用玉帛者肆師職云立大祀用玉帛牲牷立次祀用牲幣立小祀用牲彼雖揔據天地宗廟諸神今以天神言之則二大小次祀皆有也以肆師言之煙祀中有玉帛牲牷三事實柴中則無玉唯有牲幣槱燎中但止有牲故鄭云實牲體焉據三祀有其玉帛惟昊天具之實柴則有帛無玉是玉帛於三祀之内或有或無故鄭云或耳云燔燎而升煙所以報陽也者案郊特牲云升首於室以報陽彼論宗廟之祭以首報陽今天神是陽煙氣上聞亦是以報陽報陽故取特牲爲義也鄭司農云昊天天也者案孝經云郊祀后稷以配天與瑞亦云四圭有邸以祀天故云昊天天也云上帝玄天也者案廣雅云乾玄天易文言云夫玄黃者天地之雜也天玄而地黃以天色玄故謂玄名天先鄭蓋依此而讀之則二者異名而同實也若然則先鄭與王肅之等同一天而已似無六天之義故以天解昊天上帝爲一也云昊天上帝樂以雲門者先鄭既無六天大司樂分樂而序之及六變俱有雲門不知定取何者以祀天云實柴實牛柴上也者案肆師職

此三者皆實牲先鄭直據實柴爲實牛者偏據一邊而言耳其實皆牛也云故書實柴或爲賓柴者賓柴無義後鄭雖不破當還從實柴也先鄭云司中三能三階也者案武陵太守星傳云三台一名天柱上台司命爲大尉中台司中爲司徒下台司祿爲司空云司命文昌宮星者亦據星傳云文昌宮第四曰司命第五曰司中二文俱有司中司命故兩載之云風師箕也者春秋緯云月離於箕風揚沙故知風師箕也云雨師畢也者詩云月離於畢俾滂沱矣是雨師畢也若左氏傳云天有六氣降生五味五味即五行之味也是陰陽風雨晦明六氣下生金木水火土之五行鄭義大陽不變陰爲金雨爲木風爲土明爲火晦爲水若從妻所好言之則洪範云星有好風星有好雨鄭注云箕星好風畢星好雨是土十爲木八妻木八爲金九妻故東方箕星好風西方畢星好雨以此推之則北宮好燠南宮好暘中央四季好寒也皆是所剋爲妻是從妻所好之義也玄謂昊天上帝冬至於圜丘所祀天皇大帝者案大司樂下文凡樂圜鍾爲宮云云冬日至於地上之圜丘奏之若樂六變則天神皆降是也引之以破先鄭昊天上帝與五天爲一之義云星謂五緯者五緯即五星東方歲星南方熒惑西方大白北方辰星中央鎮星言緯者二十八宿隨天左轉爲經五星左旋爲緯案元命包云文王

之時五星以聚房也星備云五星初起牽牛此云星明是五緯又案星備云歲星一日行十二分度之一十二歲而周天熒惑日行三十三分度之一三十三歲而周天鎮星日行二十八分度之一二十八歲而周天大白日行八分度之一八歲而周天辰星日行一度一歲而周天是五緯所行度數之事且諸文皆星辰合解之故尚書堯典云歷象日月星辰洪範五紀亦云星辰鄭皆星辰合釋者餘文於義不得分爲二故合釋此文皆上下不見祭五星之文故分星爲五緯與辰別解若然辰雖據日月會時而言辰即二十八星也案昭七年左氏傳晉侯問伯瑕曰何謂六物對曰歲時日月星辰是謂也公曰多語寡人辰而莫同何謂辰對曰日月之會是謂辰故以配日是其事但二十八星面有七不當日月之會直謂之星若日月所會則謂之宿謂之辰謂之次亦謂之房故尚書胤征云辰弗集于房孔注云房日月所會是也云司中司命文昌第五第四星者此破先鄭也何則先鄭以爲司中是三台司命是文昌星今案三台與文昌皆有司中司命何得分之故後鄭云文昌第五第四星必先言第五後云第四者案文昌第四云司命第五云司中此經先云司中後云司命後鄭欲先說司中故先引第五證司中後引第四證司命故文倒也案武陵大守星傳云文昌宮六星第一曰上將第

二曰次將第三曰貴相第四曰司命第五曰司中第六曰司祿是其本次也云或曰中能者亦據武陵大守星傳而言云三台一名天柱上台司命爲大尉中台司中爲司徒下台司祿爲司空引此破先鄭也云祀五帝亦用實柴之禮云者案禮記祭義云大報天而主日配以月祭天以日爲主故知五帝與日月同用實柴也若然五帝與昊天其服同大裘其牲同繭栗於燔柴退與日月等者禮有損之而益亦加社稷服絺冕及其血祭即在五嶽之上亦斯類也案春秋緯運斗樞云大微宮有五帝座星即春秋緯文耀鉤云春起青受制其名靈威仰夏起赤受制其名赤熛怒秋起白受制其名白招拒冬起黑受制其名汁光紀季夏六月火受制其名含樞紐又元命包云大微爲天庭五帝以合時此等是五帝之號也又案元命包云紫微宮爲大帝又云天生大列爲中宮大極星星其一明者大一常居傍兩星巨辰子位故爲北辰以起節度亦爲紫微宮紫之言中此宮之中天神圖法陰陽開閉皆在此中又文耀鉤云中宮大帝其北極星下一明者爲大一之先合元氣以斗布常是天皇大帝之號也又案爾雅云北極謂之北辰鄭注云天皇北辰耀魄寶又云昊天上帝又名大一常居以其尊大故有數名也其紫微宮中皇天上帝亦名昊天上帝得連上帝而言至於單名皇天單名上帝亦

得故尚書君奭云公曰君奭我聞在昔成湯既受命時則有若伊尹格于皇天鄭注云皇天北極大帝又掌次云張氈案設皇邸以旅上帝上帝即大帝堯典云欽若昊天皆是上帝單名之事月令更無祭五帝之文故季夏云以供皇天上帝鄭分之皇天北辰耀魄寶上帝大微五帝亦是大帝單號之事若然大帝得單稱與五帝同五帝不得兼稱皇天昊天也異義天號六今尚書歐陽說曰欽若昊天夏曰蒼天秋曰旻天冬曰上天總爲皇天爾雅亦然故尚書說云天有五號各用所宜稱之尊而君之則曰皇天元氣廣大則稱昊天仁覆慜下則稱旻天自上監下則稱上天據遠視之蒼蒼然則稱蒼天謹案尚書堯命羲和欽若昊天總勑四時知昊天不獨春春秋左氏曰夏四月已丑孔子卒稱旻天不弔時非秋天玄之聞也爾雅者孔子門人作以釋六藝之文言蓋不誤矣春氣博施故以廣大言之夏氣高明故以遠言之秋氣或殺或生故以旻天言之冬氣閉藏而清察以監下言之昊天者其尊大號六藝之中諸稱天者以已情所求言之非必正順於時解浩浩昊天求之博施蒼天求之高明旻天不弔則求天殺生當得其宜上天同雲求之所爲當順於時此之求猶人之說事各從主耳若察于時所論從四時天各云所別故尚書所云者論其義也二者相須乃足此名非必紫微宮

之正直是人遂四時互稱之鄭云皇天者其尊大之號不逐四時爲名似本正稱此經星辰與司中司命風師雨師鄭君以爲六宗案尚書堯典禋于六宗但六宗之義有其數無其名故先儒各以意説鄭君則以北星也辰也司中也司命也風師也雨師也六者爲六宗案異義今歐陽夏侯説六宗者上不及天下不及地傍不及四時居中央恍惚無有神助陰陽變化有益於人故郊祭之古尚書説六宗天地神之尊者謂天宗三地宗三天宗日月星辰地宗岱山河海日月屬陰陽宗北辰爲星宗岱爲山宗河爲水宗海爲澤宗祀天則天文從祀祀地則地理從祀謹案夏侯歐陽説云宗實一而有六名實不相應春秋魯郊祭三望言郊天日月星河海山凡六宗魯下天子不祭日月星但祭其分野星其中山川故言三望六宗與古尚書説同玄之聞也書曰肆類于上帝禋于六宗望于山川徧于羣神此四物之類也禋也望也徧也所祭之神各異六宗言禋山川言望則六宗無山川明矣周禮大宗伯曰以禋祀祀昊天上帝以實柴祀日月星辰以槱燎祀司中司命風師雨師凡此所祭皆天神也禮記郊特牲曰郊之祭也迎長日之至也大報天而主日也兆於南郊就陽位也埽地而祭於其質也祭義曰郊之祭大報天而主日配以月則郊祭并祭日月可知其餘星也辰也司中司命風師

雨師此之謂六宗亦自明矣禮論王莽時劉歆孔昭以爲易震巽等六子之卦爲六宗漢武即位依虞書禋于六宗禮用大社至魏明帝時詔令王肅議六宗取家語宰我問六宗孔子曰所宗者六埋少牢於大昭祭時相近於坎壇祭寒暑王宮祭日夜明祭月幽禜祭星雩禜祭水旱孔安國注尚書與此同張融許○從鄭君於義爲允案月令孟冬云祈來年於天宗鄭云天宗日月星辰若然星辰入天宗又入六宗其日月入天宗即不入六宗之數也以其祭天主日配以月日月既尊如是故不得入宗也

以血祭祭社稷五祀五嶽以貍沈祭山林川澤以疈辜祭四方百物

不言祭地此皆地祇祭地可知也陰祀自血起貴氣臭也社稷土穀之神有德者配食焉共工氏之子曰句龍食於社有厲山氏之子曰柱食於稷湯遷之而祀棄故書祀作禩疈爲罷○鄭司農云禩當爲祀書亦或作祀五祀五色之帝於王者宮中曰五祀罷辜披磔牲以祭若今時磔狗祭以止風玄謂此五祀者五官之神在四郊四時迎五行之氣於四郊而祭五德之帝亦食此神焉少昊氏之子曰重爲句芒食於木該爲蓐收食於金脩及熙爲玄冥食於水顓頊氏之子曰黎爲祝融后土食於火土五嶽

東曰岱宗南曰衡山西曰華山北曰恒山中曰嵩高山不見四竇者四竇五嶽之匹或省文祭山林曰埋川澤曰沈順其性之含藏疈疈牲胷也疈而磔之謂磔攘及蜡祭郊特牲曰八蜡以記四方四方年不順成八蜡不通以謹民財也又曰蜡之祭也主先嗇而祭司嗇也祭百種以報嗇也饗農及郵表畷禽獸仁之至義之盡也○貍亡皆反劉莫拜反沈如字劉直蔭反疈孚逼反一音方麥反共音恭句古侯反下同厲如字本或作烈禖音祀又作祀罷如字一音芳皮反磔張格反食此音嗣下食宗族同少昊詩照反下少昊同重直龍反該古來反蓐音辱同不見賢遍反此内不音者同竇音獨本亦作瀆下同省所景反磔攘如羊反蜡七詐反種章勇反郵有牛反畷音綴井田閒道左思吳都賦云畛畷無數又陟劣反

〔疏〕以血至百物○釋曰此一經言祭地示三等之禮尊卑之次亦是歆神始也云以血祭祭社稷五祀五嶽者此皆地之次祀先薦血以歆神已下二祀不復用血也○注不言至盡也○釋曰云不言祭地此皆地祇祭地可知也者此經對上經祭天天則大次小三者具此經雖見三祀唯有次小祀而已以其方澤與昊天相對此經方澤不見者此血祭下仍有貍沈與疈辜二祀三祀具得與上天神三者相對故闕大地也且社稷亦土神故舉社以表地示鼓人職亦云

靈鼓鼓社祭亦舉社以表地此其類也若大地方澤當用瘞埋與昊天禋相對故鄭云不言祭地此皆地祇祭地可知也云陰祀自血起者對天爲陽祀自煙起貴氣臭同也云社稷土穀之神者案孝經緯援神契云社者五土之揔神稷者原隰之神五穀稷爲長五穀不可徧敬故立稷以表名郊特牲亦云社者神地之道社者土之神稷者穀之神故云土穀之神也云有德者配食焉云云至而祀棄案左氏昭公二十九年傳云共工氏有子曰句龍爲后土后土爲社則是死乃配社食之云有厲山氏之子曰柱食於稷湯遷之而祀棄者案左傳云有烈山氏之子曰柱爲稷案祭法云厲山氏之有天下也其子曰農能殖百穀夏之衰也周棄繼之故祀以爲稷若然稷祀棄實在湯時云夏之衰者遷柱由旱欲見旱從夏起故據夏而言也是以書序云湯既勝夏欲遷其社不可作夏社注云犧牲既成粢盛既潔祭以其時而旱暵水溢則變置社稷當湯代桀之時旱致災明法以薦而猶旱至七年故湯遷柱而以周棄代之欲遷句龍以無可繼之者於是故止其旱在夏之時驗也先鄭云五祀五色之帝於王者宮中曰五祀者先鄭意此五祀即掌次云祀五帝一也故云五色之帝後鄭不從者案司服云祀昊天與五帝皆用大裘當在圜丘與四郊上今退在社稷之下於王者宮中失之遠矣且五

帝天神當在上經陽祀之中退在陰祀之內一何陋也云罷
辜披磔牲以祭者此先鄭從古書罷於義未可故後鄭不從
罷從經疈爲正其云披磔牲以祭仍從之矣云若今時磔狗
祭以止風者此舉漢法以況疈辜爲磔之義必磔狗止風者
狗屬西方金金制東方木之風故用狗止風也玄謂此五祀
者五官之神在四郊者生時爲五官死乃爲神配五帝在四
郊知在四郊者鄭即引月令四時四立之日迎氣在四郊并
季夏迎土氣是五迎氣故鄭云四時迎五行之氣於四郊也
云而祭五德之帝亦食此神焉者但迎氣迎五方天帝雖不
言祭人帝案月令四時皆陳五德之帝大昊炎帝黃帝少昊
顓頊等五德之帝并五人神於上明知五人神爲十二月聽
朔及四時迎氣而陳故鄭此注及下青圭赤璋之下注皆云
迎氣時并祭五人帝五人神也云少昊氏之子曰重已下案
昭二十九年魏獻子問蔡墨曰社稷五祀誰氏之五官對曰
少皞氏有四叔曰重曰該曰脩曰熙實能金木及水使重爲
句芒該爲蓐收脩及熙爲玄冥世不失職遂濟窮桑此其三
祀也顓頊氏有子曰犂爲祝融共工氏有子曰句龍爲后土
此其二祀也后土爲社稷爲田正有烈山氏之子曰柱爲稷
趙商問春秋昭二十九年左傳曰顓頊氏之子犂爲祝融共
工氏有子曰句龍爲后土其二祀五官之神及四郊合爲犂

食后土祭法曰共工氏霸九州也其子曰后土能平九州故祀以爲社社即句龍若曰犂爲祝融句龍爲后土左氏下言后土爲社謂暫作后土無有代者故先師之說犂兼之因火土俱位南方此注云犂爲祝融后土食于火土亦惟見先師之說也云五嶽東曰岱宗南曰衡山西曰華山北曰恒山中曰嵩高山者此五嶽所在據東都地中爲說案大司樂云四鎮五嶽崩注云華在豫州嶽在雍州彼據鎬京爲說彼必據鎬京者彼據災異若據洛邑則華與嵩高並在豫州其雍州不見有災異之事故注有異也案爾雅江河淮濟爲四瀆爲定五岳不定者周國在雍州時無西嶽故權立吳嶽爲西嶽非常法爾雅不載以東都爲定故爾雅載之也若然此南嶽衡案爾雅霍山爲南嶽者霍山即衡山也故地理志楊州霍山爲南嶽者山今在廬山彼霍山與冀州霍山在嵩華者別云不見四竇者四竇五嶽之匹或省文者五嶽四瀆相對若天地故設經省文惟見五嶽也若然下云貍沈祭山林川澤五嶽歆神雖與社稷同用血五嶽四瀆山川之類亦當貍沈也爾雅云祭山曰庪縣者或異代法耳若然庪縣既非周法而校人云凡將事于四海山川則飾黃駒注云王巡守過大山川則有殺駒以祈沈禮與玉人云天子以巡守宗祝以前馬注云其祈沈以馬宗祝亦執勺以先之彼亦言祈沈者祈

沈雖非周法引以況義無嫌也云祭山林曰埋川澤曰沈順其性之含藏者經埋沈祭山林川澤揔言不析別而說故鄭分之以其山林無水故埋之川澤有水故沈之是其順性之含藏也云疈疈牲胷也者無正文蓋據當時疈磔牲體者皆從胷臆解析之故以胷言之云謂磔攘及蜡祭者案禮記月令云九門磔攘又十二月大儺時亦磔攘是磔牲攘去惡氣之禮也云及蜡祭者案彼云蜡也者索也歲十二月合聚萬物而索享之謂天子於周之十二月建亥之月於郊而爲蜡法此所引郊特牲曰八蜡已下彼據諸侯行蜡法彼云八蜡以記四方不作祀作祀者詠云八蜡以記四方者謂八蜡之禮以記四方諸侯知順成不順成若年不順成則八蜡不通以謹民財也若四方諸侯年穀有不順四時成熟者其八蜡不得與四方成熟之處通祭八蜡也云以謹民財者八蜡既不通明民不得行黨正飲酒奢後之事故云以謹民謹民謂謹節民之用財之法也又曰蜡之祭也主先啇而祭司啇者彼注云先啇若神農者司啇后稷是也云祭百種以報啇也者謂合聚萬物而索享之以報收啇之功故云祭百種以報啇也云享農及鄭表啜者彼注云農謂田畯典田大夫鄭表啜啜止也謂田畯督約百姓於井閒之處也是鄭行往來立表啜止於其下是止息之處有神亦祭之云禽獸仁之至義

之盡也者八蜡者案彼祭有先嗇一也司嗇二也農三也郵表畷四也貓虎五也坊六也水庸七也昆蟲八也蜡之中有貓虎是禽獸也云仁之至者據饗先嗇司嗇及農是仁恩之至義之盡者據饗貓虎坊與水庸郵表畷之等是義之盡引之者證祭亦磔牲之事也

以肆獻祼享先王以饋食享先王以祠春享先王以禴夏享先王以嘗秋享先王以烝冬享先王

宗廟之祭有此六享肆獻祼饋食在四時之上則是祫也禘也肆者進所解牲體謂薦孰時也獻獻醴謂薦血腥也祼之言灌灌以鬱鬯謂始獻尸求神時也郊特牲曰魂氣歸于天形魄歸于地故祭所以求諸陰陽之義也殷人先求諸陽周人先求諸陰灌是也祭必先灌乃後薦腥薦孰於祫逆言之者與下共文明六享俱然祫言肆獻祼禘言饋食者著有黍稷互相備也魯禮三年喪畢而祫於大祖明年春禘於羣廟自爾以後率五年而再殷祭一祫一禘○肆他歷反解骨體祼古亂反禴餘若反烝之承反祫戶夾反率五音律又音類

疏 以肆至先王○釋曰此一經陳享宗廟之六禮也此經若細而言之即有六禮揔而言之則亦有三等之差肆獻祼是祫

之大祭以饋食是禘之次祭以春享以下是時祭之小祭若以摠用衮冕大宋言之此亦皆爲大祭也故酒正注云大祭者王服大裘衮冕所祭是也此六者皆言享者對天言祀地言祭故宗廟言享享獻也謂獻饌具於鬼神也○注宗廟至一禘○釋曰云宗廟之祭有此六享者此則吉禮十二之中處其六也云肆獻祼饋食在四時之上則是祫也禘也者但周法有三年一祫則文二年大事於大廟公羊傳云大事者何大祫也大祫者何合祭也毁廟之主陳于大祖未毁廟之主皆升合食于大祖列昭穆序父子是祫之義也若殷則祫於三時周則秋祫而已又有五年一禘禘則各於其廟爾雅云禘大祭者禘是摠名祭法祭天圜丘亦曰禘大傳云王者禘其祖之所自出謂夏正郊天亦曰禘殷四時之祭夏祭亦曰禘但於周宗廟之祭則有五年禘禘雖小於祫大於四時亦是大祭之名也云肆者進所解牲體謂薦孰時也者薦孰當朝踐後爓祭時故禮運云腥其俎孰其殽鄭云孰其殽謂體解而爓之是其饋獻獻以盎齊之節故云薦孰時但體解之時必肆解以爲二十一體故云肆也云獻獻醴謂薦血腥也者此是朝踐節當二灌後王出迎牲祝延尸出戶坐於堂上南面迎牲入豚解而腥之薦於神坐以玉爵酌醴齊以獻尸后亦以玉爵酌醴齊以獻尸故云謂薦腥也云祼之言

灌者經云祼者是古之祼字取神示之義故從示鄭轉從灌者以鬱鬯灌地降神取澆灌之義故從水言灌以鬱鬯謂始獻尸求神時也者凡宗廟之祭迎尸入戶坐於主北先灌謂王以圭瓚酌鬱鬯以獻尸尸得之瀝地祭訖啐之奠之不飲尸爲神象灌地所以求神故云始獻尸求神時也言始獻對後朝踐饋獻酳尸等爲終故此稱始也郊特牲曰魂氣歸于天形魄歸於地故祭所以求諸陰陽之義也者人之歔吸出入之氣爲魂耳目聰明爲魄人死魂氣歸於天爲陽形魄歸於地爲陰祭時作樂爲陽是求諸陽灌地爲陰是求諸陰故云求諸陰陽之義也云殷人先求諸陽周人先求諸陰者此二代自相對殷人先求諸陽謂未灌先合樂周人先求諸陰謂未合樂先灌故云求諸陰灌是也引之者欲見周人祭先灌之意云祭必先灌乃後薦腥薦孰於祫逆言之者與下共文明六享俱然者如向所說具先灌訖王始迎牲次腥其俎腥其俎訖乃爓爓祭訖始迎尸入室乃有黍稷是其順也今此經先言肆肆是饋獻節次言獻是朝踐節後言灌灌是最在先之事是於祫逆言之也言與下共文明六享俱然者既從下向上爲文即於下五享與上祫祭皆有灌獻肆三事矣故云六享俱然云祫言肆獻灌禘言饋食者著有黍稷互相備也者祫言肆獻灌明禘亦有之禘言饋食食是黍稷則祫

亦有黍稷矣著明也明有黍稷互相備矣云魯禮三年喪畢
而祫於大祖者此以周衰禮廢無文可明春秋左氏傳云周
禮盡在魯即以春秋爲魯禮今言魯禮者指春秋而言也春
秋三年喪畢而祫於大祖謂若文公二年秋八月大事於大
廟躋僖公。僖三十三年薨至文二年秋八月於禮雖少四月
猶是三年喪畢而爲祫祭也是魯禮三年喪畢而祫於大祖
大祖謂周公廟周公廟中而爲祫祭也云明年春禘於羣廟
者此明年春禘雖無正文約僖公宣公得知矣案僖公八年
及宣公八年皆有禘文則知僖公宣公二。年春有禘可知何
者以文公二年祫則知僖公宣公二年亦有祫僖公宣公二
年既爲祫則明年是三年春禘四年五年六年秋祫是三年
祫更加七年八年添前爲五年禘故僖公宣公八年皆有禘
是明年春禘明矣故云明年春禘於羣廟也云自爾以後五
年而再殷祭者公羊傳文殷大也除明年春從四年已後四
年五年六年七年八年八年之中四年五年六年爲三年祫
七年八年添前爲五年禘是五年再殷祭也云一祫一禘者
是禮讖文謂五年之中爲一禘一祫也鄭言此者欲見肆獻
祼及饋食三者爲祫禘從三年喪畢後爲始之意也從禋祀
已下至此吉禮十二皆歆神始何者案大司樂分樂而序之
云乃奏黄鍾歌大吕舞雲門以祀天神已下下復云圜鍾爲

宮若樂六變天神皆降若樂八變地示皆出若樂九變人鬼可得而禮鄭云天神則主北辰地祇則主崑崙人鬼則主后稷先奏是樂以致其神禮之以玉而祼焉彼先奏是樂以致其神則天神地祇人鬼皆以樂爲下神始也彼鄭云禮之以玉據天地而祼焉據宗廟則此上下天神言煙地示言血此宗廟六享言祼是其天地宗廟皆樂爲下神始煙血與祼爲歆神始也又案禮器與郊特牲皆言郊血大享腥三獻爓一獻孰者皆是薦饌始也以其郊是祭天而言用血大享是祫祭先王而言用腥三獻是社稷而言用爓一獻是祭羣小祀而言用孰與此是其先彼是其後後爲薦饌可知故郊言血大享言腥三獻言爓一獻言孰也

以凶禮哀邦國之憂哀謂救患分烖凶禮之别有五

〔疏〕以凶至之憂○釋曰此凶禮之目也邦國者亦如吉禮舉外以包內之義凡言哀者皆謂被凶災從後以物哀之也○注哀謂至有五○釋曰云哀謂救患分烖者此據左氏僖元年夏六月邢遷于夷儀諸侯城之救患也凡侯伯救患分烖討罪禮也引之者證哀者從後往哀之義言救患分烖討罪者救患即邢有不安之患諸侯城之是救患也分災謂若宋災諸侯會於澶淵謀歸宋財是分災也討罪謂諸侯無故相伐是罪人也霸者會諸侯共討之是討罪也三

者皆是相哀之法故并代引之**以喪禮哀死亡**哀謂親者服焉疏者含襚。含戶暗反本亦作唅襚音遂〔疏〕注哀謂至含襚。釋曰諸經云亡者多是逃亡此經鄭不解亡則亡與喪爲一以其逃亡無可哀故也云哀謂親者服焉者據上文云哀邦國之憂則此亦據諸侯邦國之內而言但天子諸侯絕傍期傍期已下無服若始封之君不臣諸父昆弟亦有服今鄭云親者服焉疏者含襚者鄭廣解哀義不專據天子諸侯之身也案士喪禮親者不將命注云大功已上有同財之義無歸含法鄭云親者服焉據大功親以上直有服無含法若小功以下有含并有服也若然此據大夫已下而說天子諸侯雖無服其含襚則有之故春秋王使榮叔歸含且賵士喪禮君使人襚明天子諸侯於臣子皆有含襚也**以荒禮哀凶札**荒人物有害也曲禮曰歲凶年穀不登君膳不祭肺馬不食穀馳道不除祭事不縣大夫不食粱士飲酒不樂。札讀爲截謂疫厲。札如字又音截縣音玄〔疏〕注荒人至疫厲。釋曰云荒人物有害者經云荒以爲目下云凶札則荒中有凶是物有害荒中兼有札是人有害案司服云大札大荒則素服注云札疫病荒飢饉者彼不以荒爲目以荒替凶處故彼注荒爲飢饉不爲物有害也曲禮曰以下案彼注不祭肺則不殺也馳道不除爲妨民取蔬食也皆自貶損若然君言不祭肺馬不食穀祭事不縣則大夫士亦然大夫言不食粱粱加穀士飲酒不樂則人君日食黍稷稻粱亦貶於飲酒亦不樂君臣互見爲義也云札讀爲截截謂疫厲者鄭讀從截絶之義故也春秋有天昏札瘥是厲鬼爲疫病之事故云謂疫厲也

以弔禮哀禍烖

禍烖謂遭水火宋大水魯莊公使人弔焉曰天作淫雨害於粢盛如何不弔廐焚孔子拜鄉人爲火來者拜之士一大夫再亦相弔之道。爲火于僞反下苟偃爲同

〔疏〕注禍烖至之道。釋曰禍烖謂遭水火鄭知義然者以上下文驗之此禍災當水火二事爲證也案莊十一年秋宋大水魯人使弔之傳例雨三日已上爲淫廐焚孔子拜鄉人爲火來者事見禮記雜記云亦相弔之道者謂亦如魯莊公弔宋事也

以禬禮哀圍敗

同盟者合會財貨以更其所喪春秋襄三十年冬會于澶淵宋烖故是其類。禬劉戶外反徐古外反更音庚下同喪息浪反澶善然反

〔疏〕注同盟至其類。釋曰此經本不定若馬融以爲國敗正本多爲圍敗謂其國見圍入而國被禍敗喪失財物則同盟之國會合財貨歸之以更其所喪也必知禬是會合財貨非會諸侯之兵救之者若會合兵當在

軍禮之中故知此禬是會合財貨以濟之也故大行人云致禬以補諸侯之灾小行人亦云若國師役則命犒禬之是其有財貨相補之驗故引左氏澶淵之會爲證也案左氏傳爲宋灾諸侯之大夫謀歸宋財是以冬十月叔孫豹會晉趙武齊公孫蠆宋向戌衛北宮佗鄭罕虎及小邾之大夫會于澶淵既而無歸于宋故不書其人君子曰信其不可不慎澶淵之會卿不書不信也又云書曰某人某人尤之也若然既而無歸宋財引者此取本謀歸宋財一邊義無嫌也

以恤禮哀寇亂

恤憂也鄰國相憂兵作於外爲寇作於內爲亂

疏　注恤憂至爲亂○釋曰云鄰國相憂者亦上云哀邦國之憂據諸侯爲說故鄭以鄰國解之云兵作於外爲寇作於內爲亂者案文公六年魯惠伯云兵作於內爲亂於外爲寇又成公十七年長魚矯曰臣聞亂在外爲姦在內爲軌御姦以德御軌以刑據此文既言寇亂當據惠伯之言爲義也而云哀之者既不拘財物當遣使往諸問安不而已

以賓禮親邦國

親謂使之相親附賓禮之別有八

疏　注親謂至有八○釋曰經既云親邦國故鄭還以使諸侯相親附解之即下文相朝聘之義是也賓禮之別有八者即下文八者皆以日間之者是也

春見曰朝夏見

曰宗秋見曰覲冬見曰遇時見曰會殷見曰同

此六禮者以諸侯見王爲文六服之內四方以時分來或朝春或宗夏或覲秋或遇冬名殊禮異更遞而徧朝猶朝也欲其來之早宗尊也欲其尊王覲之言勤也欲其勤王之事遇偶也欲其若不期而俱至時見者言無常期諸侯有不順服者王將有征討之事則既朝覲王爲壇於國外合諸侯而命事焉春秋傳曰有事而會不協而盟是也殷猶衆也十二歲王如不巡守則六服盡朝朝禮既畢王亦爲壇合諸侯以命政焉所命之政如王巡守殷見四方四時分來終歲則徧○曰朝直遥反注下不出者皆同遞音第徧音遍下同猶朝張遥反

〔疏〕釋曰云此六至則徧者以諸侯見王爲文者案此經文皆云見是下於上稱見故云諸侯見王爲文也秋官大行人云春朝諸侯之等皆云朝覲諸侯是王下見諸侯爲文故彼注云王見諸侯爲文二者相對爲文不同以彼是天子見諸侯之義故圖天下之事以比邦國之功皆據天子爲主故以天子見諸侯爲文此則諸侯依四時朝天子故以諸侯見天子爲文云六服之內四方以時分來或朝春或宗夏或覲秋或遇冬者謂要服以內侯甸男采衛要之等云四時分來春東方六服當朝之歲盡來

朝夏南方六服當宗之歲盡來宗秋西方六服當覲之歲盡
來覲冬北方六服當遇之歲盡來遇是其或朝春或宗夏或
覲秋或遇冬之事也云朝之言朝也欲其來之早宗尊也欲
其尊王覲之言勤也欲其勤王之事遇偶也欲其若不期而
俱至者此鄭解其名也四方諸侯來朝覲天子豈有別意乎
明各舉一邊互見爲義耳云時見者言無常期者非謂時常
月直是事至之時故云時者言其無常期也言諸侯有不順
服此解時之義也云王將有征討之事者諸侯既不順服明
知有征討之事也云則既朝覲王爲壇於國外合諸侯而命
事焉者此司儀及覲禮所云爲壇合諸侯是也云命事者謂
命以征討之事即大行人云時會以發四方之禁禁是九伐
之法也云春秋傳曰有事而會不協而盟者此昭三年鄭子
太叔曰文襄之霸也其務不煩諸侯令諸侯三歲而聘五歲
而朝有事而會不協而盟引之者證時會之義但是霸者會
盟諸侯非王者法引之者取一邊證爲壇會盟之事同若然
當諸侯有不順王命者不來其順服者皆來朝覲天子一則
顯其順服二則欲助天子征討故來也云既朝覲者若不當
朝之歲則不須行朝覲於國中直壇朝而已其當朝之歲者
則於國中春夏行朝宗於王朝受享於廟秋冬則一受之於
廟也故鄭云既朝覲王爲壇於國外也云殷猶衆也十二歲

王如不巡守則六服盡朝朝禮既畢王亦爲壇合諸侯以命政焉鄭知十二歲者案大行人云十二歲王乃巡守殷國若王無故則巡守王制及尚書所云者是也若王有故則此云殷見曰同及大行人云殷國是也云殷同者六服衆皆同來言殷國者衆來見於王國其事一也鄭知爲壇於國外者覲禮云諸侯覲于天子爲宫方三百步四門壇十有二尋深四尺加方明于其上鄭注云四時朝覲受之於廟此謂時會殷同也明知諸侯殷見亦爲壇於國外若巡守至方嶽然云所命之政如王巡守者巡守命政則王制所云命典禮考禮命市納價之類又尚書所云歲二月東巡守已下修五禮五玉及協時月正日之等皆是也云殷見四方四時分來終歲則徧者若四時服數來朝則當朝之歲大行人所云侯服年年朝甸服二年朝男服三年朝采服四年朝衛服五年朝要服六年朝各隨其年而朝若殷見曰同春則東方六服盡來夏則南方六服盡來秋則西方六服盡來冬則北方六服盡來故云四方四時分來終歲則徧矣

時聘曰問殷覜曰視時聘者亦無常期天子有事乃聘之焉竟外之臣既非朝歲不敢瀆爲小禮殷覜謂一服朝之歲以朝者少諸侯乃使卿以大禮衆聘焉一服朝在元年七年十一年○覜他弔反一音他堯反竟音境

〔疏〕

注時聘至一年○釋曰此二經者是諸侯遣臣聘問天子之事鄭知時聘是無常期者以其與上文時見同言時則知此時聘亦無常期也云天子有事乃聘之焉者上時是當方諸侯不順服其順服者當方盡朝無遣臣來之法其餘三方諸侯不來諸侯聞天子有征伐之事則遣大夫來問天子故云天子有事乃聘之焉云竟外之臣既非朝歲不敢瀆爲小禮者瀆數也天子無事不敢數遣大夫聘問天子以是故有事乃遣大夫問也必知時聘遣大夫不使卿者以其經稱問案聘禮小聘曰問使大夫此經云曰問明使大夫也云殷覜謂一服朝之歲以朝者少者以其周法依大行人諸侯服數來朝則有一服朝之歲諸侯既不自朝明使卿來聘天子故稱殷殷衆也若殷見然云朝者少卿來則衆也云諸侯乃使卿以大禮衆聘焉者鄭知使卿以大禮者見聘禮大聘使卿此既諸侯使臣代已來明不得使大夫故知使卿以大禮衆聘焉使卿爲大禮對使大夫爲小禮也云一服朝在元年七年十一年者鄭約大行人要服之内諸侯服數來朝一服朝當此三年以其侯服年年朝甸服二年朝四年朝六年朝八年朝十年朝十二年朝從天子巡守是甸服於元年七年十一年無朝法是使卿殷覜也男服三年朝六年朝九年朝十二年從天子巡守於元年七年十一年亦無朝法是亦使卿以

大禮聘天子也采服四年朝八年朝十二年從天子巡守則元年七年十一年亦無朝天子之法是亦使卿以大禮聘天子也衛服五年朝十年朝則元年七年十一年亦無朝天子法是亦使卿以大禮聘天子也要服六年朝十二年從天子巡守則元年七年十一年亦無朝法是亦使卿以大禮聘也故知一服朝在元年七年十一年也

以軍禮同邦國同謂威其不協僭差者軍禮之别有五○僭子念反沈創林反差初佳反沈初宜反

疏注同謂至有五○釋曰既云同邦國則使諸侯邦國和同故鄭云同謂威其不協僭差者使之和協不僭差僭差謂若禮記郊特牲云宮縣白牡朱干設錫之類皆是諸侯之僭禮也

大師之禮用衆也用其義勇

疏注用其義勇○釋曰云大師者謂天子六軍諸侯大國三軍次國二軍小國一軍出征之法用衆鄭云用其義勇者論語云見義不爲無勇也見義謂見君有危難當致身授命以救君是見義而爲故勇義兼言若朋友推刃是不義而勇。

大均之禮恤衆也均其地政地守地職之賦所以憂民

疏注均其至憂民○釋曰此大均亦據邦國徧天下皆均之故云大均不患貧而患不均不均則民患故大均之禮所以憂恤其衆也鄭約地

官均八云掌均地政均地守均地職彼注云政讀爲征地征謂地守地職之稅也地守衡虞之屬地職農圃之屬若然地征者與下地守地職爲目也此云之賦即彼注之稅一也此大均必在軍禮者謂諸侯賦稅不均者皆是諸侯僭濫無道致有不均之事當合衆以均之故在軍禮也

大田之禮簡衆也古者因田習兵閱其車徒之數○閱音悅〔疏〕注古者至之數○釋曰此謂天子諸侯親自四時田獵簡閱也謂閱其車徒之數也云古者因田習兵者案書傳云戰者男子之事因蒐狩以閱之閱之者串之大司馬田法引論語不教民戰是謂棄之以證因田獵爲習兵之事云閱其車徒者田獵之時有車徒旗鼓甲兵之事故云閱其車徒也

大役之禮任衆也築宮邑所以事民力強弱〔疏〕注築宮至強弱○釋曰鄭知有築宮邑者詩云築室百堵西南其戶是築宮也詩又云築城伊匹是築邑也其靈臺隄防之等皆役民力鄭略之也云事民力強弱者論語云爲力不同科是事民力之強弱也

大封之禮合衆也正封疆溝塗之固所以合聚其民○疆居良反〔疏〕注正封至其民○釋曰知大封爲正封疆者謂若諸侯相侵境界民則隨地遷移者其民庶不得合聚今

以兵而正之則其民合聚故云大封之禮合衆也鄭兼言溝塗者古境界皆有溝塗而樹之以爲阻固則封人云爲畿封而樹之者是也

以嘉禮親萬民嘉善也所以因人心所善者而爲之制嘉禮之別有六

〔疏〕以嘉禮親萬民○釋曰餘四禮皆云邦國獨此云萬民者餘四禮萬民所行者少故舉邦國而言此嘉禮六者萬民所行者多故舉萬民其實上下通也○注嘉善至有六釋曰云所以因人心所善者而爲之制者案禮運云飲食男女人之大欲存焉此嘉禮有飲食男女之等皆是人心所善者故設禮節以裁制之即下經所云者皆是也

以飲食之禮親宗族兄弟親者使之相親人君有食宗族飲酒之禮所以親之也文王世子曰族食世降一等大傳曰繫之以姓而弗別綴之以食而弗殊百世而昏姻不通者周道然也○不別彼列反

〔疏〕以飲至兄弟○釋曰此經云飲食亦尊卑通有下文別有饗燕則經云飲者非饗燕是私飲酒法其食可以通燕食俱有以其下不別云食故也○注親者至然也○釋曰言使之相親者止謂與族人行飲食即是相親也云人君有食宗族飲酒之禮所以親之也者謂人君與族人行食禮并飲酒之禮故並言之文王世子曰族食世降一等者鄭

彼注云親者稱假令親兄弟歲四度從父昆弟歲三度從祖昆弟歲二度族昆弟歲一度是其一世降一等云大傳曰繫之以姓而弗别者子孫雖有氏族不同皆繫之以正姓若魯姓姬子孫氏曰仲孫叔孫季孫之屬氏族雖異同是姓姬故云繫之以姓而不别也云綴之以食而弗殊者謂繼别爲大宗者與族人行食禮相連綴序以昭穆而不可殊異也云百世而昏姻不通者以繫之以正姓雖氏族異昏姻不得通行也云周道然也者對殷道則不然以其殷道氏族異則得昏姻也引之者證此經以飲食相親之事鄭注引文王世子據人君法引大傳據大夫士法則萬民亦有此飲食之禮也

以昏冠之禮親成男女親其恩成其性○冠古亂反〔疏〕以昏至男女○釋曰此一節陳昏姻冠笄之事上句直言昏冠專據男而言亦有姻笄故下句兼言男女也若然則昏姻之禮所以親男女使男女相親三十之男二十之女配爲夫妻是也冠笄之禮所以成男女男二十而冠女子許嫁十五而笄不許亦二十而笄皆責之以成人之禮也○注親其恩成其性○釋曰案昏義壻親迎御輪三周是壻親之親之也者使之親己是親其恩也云成其姓者冠義云禮始於冠既冠責以爲人父爲人子爲人臣之禮又内則云二十敦行孝弟是成其

性也

以賓射之禮親故舊朋友射禮雖王亦立賓主也王之故舊朋友爲世子時共在學者天子亦有友諸侯之義武王誓曰我友邦冢君是也司寇職有議故之辟議賓之辟

【疏】以賓至朋友○釋曰言以賓射之禮者謂若射人王以六耦射三侯三獲三容五正是賓射之侯也以此賓射之禮者謂行燕飲之禮乃與之射所以申歡樂之情故云親故舊朋友也○注射禮至之辟○釋曰云射禮雖王亦立賓主也者案大射禮以大夫爲賓主案此云王以賓射之禮既行燕飲之禮明知王亦立賓主也云王之故舊朋友爲世子時共在學者若據位爲王以後亦有以臣爲朋友不得云故舊今云故舊朋友明據未爲王時案文王世子周公居攝成王與伯禽在學與學子同居又王制有王大子是爲世子時共在學者也云天子亦有友諸侯之義即所引泰誓武王誓曰我友邦冢君是天子有友諸侯之義言此者欲見經云朋友亦含諸侯在其中案洛誥周公謂成王云孺子其朋彼以成王以臣爲朋友則此朋友之中可以兼之矣引司寇職有議故之辟議賓之辟者證諸侯爲賓及王之故舊皆在議限與此經故舊朋友並得爲賓射相親之事也

以饗燕之禮親四方之賓客賓客謂朝

聘　注賓客謂朝聘者○釋曰此經饗燕並言殊食於上
者【疏】者食無獻獻酢之法故別言於上與私飲同科此饗燕
謂大行人云上公三饗三燕侯伯再饗再燕子男一饗一燕
饗亨大牢以飲賓獻依命數在廟行之燕者其牲狗行一獻
四舉旅降脫屨升坐無筭爵以醉爲度行之在寢此謂朝
賓若聘客則皆一饗其燕與時賜無數是親四方賓客也　**以**
脤膰之禮親兄弟之國　脤膰社稷宗廟之肉以賜同
姓之國同福祿也兄弟有共
先王者魯定公十四年天王使石　【疏】注脤膰至歸脤○釋
尚來歸脤○脤上忍反膰音煩　曰注兄弟之國謂同姓
諸侯若魯衛晉鄭之等凡受祭肉者受鬼神之佑助故以脤
膰賜之是親之同福祿也鄭摠云脤膰社稷宗廟之肉分而
言之則脤是社稷之肉膰是宗廟之肉是以成十三年公及
諸侯朝王遂從劉康公成肅公會晉侯伐秦成子受脤于社
不敬注云脤宜社之肉也盛以蜃器故曰脤劉子曰國之大
事在祀與戎祀有執膰戎有受脤注云膰祭肉又案異義左
氏説脤社祭之肉盛之以蜃宗廟之肉名曰膰以此言之則
宗廟之肉曰膰社稷之肉曰脤之驗也而公羊穀梁皆云生
居俎上曰脤熟居俎上曰膰非鄭義耳對文脤爲社稷肉膰
爲宗廟肉其實宗廟社稷器皆飾用蜃蛤故掌蜃云祭祀共

蜃器之蜃注云飾祭器是其祭器皆飾以蜃也云兄弟有共先王者謂若魯與周同承文王鄭與周同承厲王如此之輩與周同立廟是共先王也云定公十四年天王使石尚來歸脤者石尚天子之上士故稱名氏言來者自外之辭歸者不反之稱是天子祭社使來歸脤引之證同姓有歸脤之事此文雖主兄弟之國至於二王後及異姓有大功者得與兄弟之國同故僖九年夏王使宰孔賜齊侯胙曰天子有事于文武使孔賜伯舅胙注云胙膰肉周禮以脤膰之禮親兄弟之國不以賜異姓敬齊侯比之賓客又僖公二十四年宋成公如楚還入於鄭鄭伯將享之問禮於皇武子對曰宋先代之後也於周爲客天子有事膰焉有喪拜焉是二王後及異姓有大功者亦得脤膰之賜是以大行人直言歸脤以交諸侯之福不辨同姓異姓是亦容有非兄弟之國亦得脤膰也

以賀慶之禮親異姓之國異姓王昏姻甥舅

疏以賀至之國○釋曰言賀慶者謂諸侯之國有喜可賀可慶之事王使人往異以物賀慶之可施及異姓之國所以親之也雖主異姓其同姓有賀慶可知故舉異姓包同姓也是以大行人云賀慶以贊諸侯之喜不別同姓異姓則兼同姓可知○注異姓至甥舅○釋曰若據男女身則男曰昏女曰姻若以親言之則女

之父曰昏壻之父曰姻言甥舅者嫁女與之則爲甥王娶女來則爲舅揔是昏姻之國也**以九儀之命正邦國之位**每命異儀貴賤之位乃正春秋傳曰名位不同禮亦異數（疏）以九至之位○釋曰此一經與下文爲揔目以其大宗伯掌五禮禮所以辨尊卑故以九儀之命正諸侯邦國之位使之不有僭差也○注每命至異數○釋曰云每命異儀貴賤之位乃正者下文從一命以至九命各云所受賜貴賤不同即此經以九儀之命正邦國之位事義相成故云貴賤之位乃正正則不僭濫也引春秋傳曰名位不同禮亦異數者證每命異儀也

壹命受職始見命爲正吏謂列國之士於子男爲大夫王之下士亦一命鄭司農云受職治職事○見命如字下士相見同（疏）注始見至職事○釋曰云始見命爲正吏者對府史胥徒非正吏以其府史胥徒皆官長所自辟除未得王之命故以士得王命者爲正吏也云謂列國之士者謂公侯伯爲列國下云七命賜國鄭注孝經云列土封疆謂之諸侯亦據公侯伯七命賜國則子男不得爲列國也典命公侯伯之士一命故鄭以列國之士解之也云於子男爲大夫者典命子男大夫一命是也云王之下士亦一命者無正文直以序官有上士中士下士之名又典命

大夫四命之下空文宜有三命二命一命故以王之下士一命解之若然典命不見王之士三命已下者以其四命已上有出封之理故下云其出封皆加一等士無出封之理故不言以義推之則士有三命已下也先鄭云受職治職事者設官分職止爲治事故以治職事解之也

再命受服

鄭司農云受服受祭衣服爲上士玄謂此受玄冕之服列國之大夫再命於子男爲卿卿大夫自玄冕而下如孤之服王之中士亦再命則爵弁服

疏 注鄭司至弁服○釋曰先鄭云受服受祭衣服爲上士者祭衣服雖不指斥服名以義推之先鄭云爲上士則服爵弁服也言爲上士者上一命先鄭雖不言王之中士下士同一命此言再命爲上士則王之中士下士同一命可知也玄謂此受玄冕之服者以司服云孤絺冕卿大夫同玄冕此云再命受服明據玄冕也云列國之大夫再命者亦據典命公侯伯之大夫同再命而知云於子男爲卿者亦據典命而言也云卿大夫自玄冕而下如孤之服者此亦據司服之文案玉藻注云諸侯之臣皆分爲三等其妻以次受此服則公之有孤之國孤絺冕卿大夫同玄冕若無孤之國則公侯伯子男卿絺冕大夫玄冕士皆爵弁若然此注云於子男爲卿卿當絺冕矣鄭云卿大夫自玄冕而下如孤之服者據司服之成文而言也云

王之中士亦再命者上文已差訖云士則爵弁服者凡言士者無問天子士諸侯士例皆爵弁以助祭也若然司服不見爵弁者以其王吉服有九自公已下轉相如其爵弁於天子諸侯非吉所用故不言案士冠禮皆有爵弁服是士之助祭服故士以爵弁爲正也案先鄭解此九儀皆先言王臣後鄭皆諸侯爲首以王臣亦之者後鄭見上云正邦國之位故以諸侯爲首後以王臣亦之得其理也

三命受位　鄭司農云受下大夫之位玄謂此列國之卿始有列位於王爲王之臣也王之上士亦三命

疏　注鄭司至三命○釋曰先鄭云受下大夫之位先鄭意以上士二命下大夫三命上大夫四命案王制云次國之下卿位當大國之上大夫小國之下卿位當大國之下大夫則諸侯之五大夫有上下案序官有中大夫下大夫則中大夫亦得名爲上大夫矣故先鄭以下大夫三命上大夫四命即典命大夫四命者是上大夫也後鄭不從者以侯伯子男名位不同侯伯猶同七命子男猶同五命況中大夫下大夫名位既同何嫌不得同命也是以典命唯見大夫四命是兼中下大夫故不從先鄭也玄謂此列國之卿始有列位於王爲王之臣者諸侯之卿大夫皆得聘天子今於三命乃云始有列位於王爲王之臣者以其再命已下卑雖得言○天子不得言位于王朝

是以據列國之卿而言故曲禮云列國之大夫入天子之國曰某士注引春秋晉士起亦據晉國之卿三命而於天子稱士與天子三命之士同稱士即爲王臣也

四命受器鄭司農云受祭器爲上大夫玄謂此公之孤始得有祭器者也禮運曰大夫具官祭器不假聲樂皆具非禮也王之下大夫亦四命

【疏】注鄭司至四命○釋曰先鄭云受祭器爲上大夫上已破訖玄謂此公之孤始得有祭器者也者曲禮云大夫有田者先爲祭服後爲祭器則儀禮少牢用成牲皆是有地大夫則自得造祭器今云公之孤四命始得有祭器者但未四命已前有地大夫雖得造祭器祭器未具具猶假之使足至四命即具有言始有祭器者據始得具祭器而言引禮運者證未四命已前祭器須假之意云王之下大夫亦四命者約典命文

五命賜則鄭司農云則者法也出爲子男玄謂則地未成國之名王之下大夫四命出封加一等五命賜之以方百里二百里之地者方三百里以上爲成國王莽時以二十五成爲則方五十里合今俗說子男之地獨劉子駿等識古有此制焉○以上時掌反

【疏】注鄭司至制焉○釋曰先鄭云出爲子男者司農據典命而言玄謂則地未成國之名者對下文七命賜國是成國此五命子男言則是未成國但成國之賦

有三若以出軍言之春秋襄公傳云成國不過半天子之軍謂據公五百里而言以其侯伯爲次國二軍故也若以執圭爲成國而言可及伯即下經七命賜國者是也若以千乘爲成國言之唯公及侯以其伯二百里不得出千乘故鄭注論語云公侯之封乃能容之是也王之下大夫四命出封加一等五命亦是與命文云賜之百里二百里之地者大司徒職文云方三百里以上爲成國者此據下文七命賜國而言也云王莽時以二十五成爲則者此舉後代以況義二十五成與夏殷五十里國亦與周時百里二百里之國同名則故云則方五十里云合今俗說子男之地者時有孟子張包周及何休等並不信周禮有五百里已下之國以王制百里七十里五十里等爲周法故鄭指此等人爲俗說也云獨劉子駿等識古有此制焉者言劉子駿等則有馬融鄭司農及杜子春等皆信周禮有五百里已下之國周公大平制禮所定法故云識古有此制也引此諸文者證時有解則爲五十里者故也

六命賜官

鄭司農云子男入爲卿治一官也玄謂此王六命之卿賜官者使得自置其臣治家邑如諸侯春秋襄十八年冬晉侯以諸侯圍齊荀偃爲君禱河既陳齊侯之罪而曰曾臣彪將率諸侯以討焉其官臣偃實先後之○先悉薦反下先時同後胡豆反

疏

注鄭司至後之○釋曰先鄭云子男入爲卿治一官此後鄭不從者案典命唯有出封加一等無入加之文則出有加入無加今以子男五命入加一等爲王朝六命卿於理不可且見此上下文所言賜受者皆是自外之事今言賜官則是此六命之人使已有之今以賜官爲賜當身治一官亦不可故後鄭皆不從也先鄭之義出加入亦加若毛君之義出加入減故晉詩云豈曰無衣六兮毛傳云天子之卿六命車旗衣服以六爲節是出加入減也後鄭不從者諸侯入爲王卿大夫其尊如故以爲榮何得入則減之乎指如鄭武公桓公並入爲王之司徒詩人美之若減何美之有乎明入不減鄭君之義出加入不減依於在國若言六兮者以晉侯入爲王卿謙不敢必當七命之服故云六兮耳玄謂此六命之卿賜官者使得自置其臣治家邑如諸侯者案載師有小都大都大都謂三公王子母弟所食邑小都王之卿六命所食邑如此六命已上賜之官使得自置其臣治家邑如諸侯此則大宰云施則於都鄙建其長立其兩已下是三公王子母弟得立官如畿外諸侯但少一卿不足於諸侯而已言家邑雖與大夫家邑同名此則大都小都也卿大夫稱家故言家邑以表大小都耳引春秋者證諸侯以臣爲官故荀偃自於晉侯稱官畿內諸侯臣亦稱官此經是也荀偃對河神故稱其君名

諸侯於外事皆稱曾臣言先後者先後謂左右謂荀偃左右晉侯也

七命賜國

王之卿六命出封加一等者鄭司農云出就侯伯之國

〔疏〕注王之至之國○釋曰此後鄭先鄭所云皆據典命而言以其王之卿六命出封加一等即七命是侯伯之國者也

八命作牧

謂侯伯有功德者加命得專征伐於諸侯鄭司農云一州之牧王之三公亦八命

〔疏〕注謂侯至八命○釋曰案曲禮云牧於外曰侯是牧本爵稱侯矣一州二百一十國選賢侯爲牧今鄭兼言伯者牧用侯伯不定其牧若有賢侯則用侯若無賢侯則用伯可也故鄭兼言伯其牧下二伯亦或用侯或用伯故詩旄丘責衛伯鄭云衛康叔之封爵稱侯今日伯時爲州伯是牧下二伯亦用侯也云加命得專征伐於諸侯者侯伯七命今云八命作牧明是侯伯加命也云得專征伐者案王制云諸侯賜弓矢然後專征伐並據州牧而言以其弓矢之賜州內有臣殺君子殺父不請於天子得專征伐之先鄭云一州之牧牧養也即大宰一曰牧以地得民是也云王之三公亦八命典命文

九命作伯

上公有功德者加命爲二伯得征五侯九伯者鄭司農云長諸侯爲方伯

〔疏〕注上公至方伯○釋曰典命云王之三公八命是上公矣今云九命明有功德

加一命爲二伯也二伯之文出於曲禮案曲禮云五官之長曰伯是職方鄭引公羊傳云自陝以東周公主之自陝以西召公主之是東西二伯也云得征五侯九伯者僖公四年左氏傳云昔召康公命我先君太公曰五侯九伯汝實征之以夾輔周室賈服之等諸侯九州之伯若然與天子何殊而爲夾輔乎故鄭以爲五侯者九州有九牧牧即侯但二伯共分各得四侯半侯不可分故二伯皆言五侯也言九伯者九州有十八伯各得九伯故云九伯也此二伯其有違逆者各征半天下故云五侯九伯汝實征之也引之者證二伯尊得征半天下之事也先鄭云長諸侯爲方伯者公羊傳云上無明天子下無賢方伯方伯可及州牧并二伯故云方伯伯長也是一方之長也

以玉作六瑞以等邦國等猶齊等也〔疏〕注等猶齊等也○釋曰此經與下爲揔目在此王之鎮圭而言邦國者以邦國爲主也言等猶齊等者案禮記雜記贊大行云博三寸厚半寸剡上左右各寸半其長短即玉人所云皆依命數是其圭法也既命諸侯當齊等之使不違法也

王執鎮圭鎮安也所以安四方鎮圭者蓋以四鎮之山爲瑑飾圭長尺有二寸〔疏〕注鎮安至二寸○釋曰此鎮圭王祭祀時所執故典瑞云王晉大圭執鎮圭繅藉五采五

就以朝日則餘祭祀亦執之云鎮安也所以安四方者以職方九州州有一大山以爲其州之鎮此鎮圭亦所以鎮安四方也云鎮圭者蓋以四鎮之山爲瑑飾者以其諸侯圭皆以瑑爲瑑飾此字爲四鎮之字明以四鎮之山爲瑑飾也無正文故云蓋以疑之四鎮者謂楊州之會稽青州之沂山幽州之醫無閭冀州之霍山是也云圭長尺二寸者案玉人云鎮圭尺有二寸天子守之是也

公執桓圭公二王之後及王之上公雙植謂之桓桓宮室之象所以安其上也桓圭蓋亦以桓爲瑑飾圭長九寸

〔疏〕注公二至九寸○釋曰此所所執謂朝時案聘禮禮記及典瑞所云者是已下皆據朝時也云公二王之後者案孝經援神契云二王之後稱公大國稱侯皆千乘是二王後稱公云及王之上公者典命上公之禮及此上之九命作伯皆是王之上公也云雙植謂之桓者桓謂若屋之桓楹案檀弓云三家視桓楹彼注四植謂之桓桓者彼據柱之豎者而言桓若豎之則有四稜故云四植植即稜也此於圭上而言下二稜著圭不則見唯有上二稜故以雙言之也云桓宮室之象所以安其上也者以其宮室在上須得桓楹乃安若天子在上須以諸侯衛守乃安故云安其上也云桓圭蓋亦以桓爲瑑飾者以無正文故亦云蓋也云圭長九寸者案玉人云桓圭九寸公守之

是也

侯執信圭伯執躬圭 信當爲身聲之誤也身圭躬圭蓋皆象以人形爲瑑飾文有麤縟耳欲其愼行以保身圭皆長七寸○信音身行下孟反〔疏〕注信當至七寸○釋曰鄭必破信爲身者古者舒申字皆爲信故此人身字亦誤爲信故鄭云聲之誤也云身圭躬圭蓋皆象以人形象致飾者以其字爲身躬故鄭還以人形解之云文有麤縟耳者縟細也以其皆以人形爲飾若不麤縟爲異則身躬何殊而別之故知文有麤縟爲別也云欲其愼行以保身者此則約上下圭爲義既以人身爲飾義當愼行保身也云圭皆七寸者案玉人云信圭躬圭七寸侯伯守之是也

子執穀璧男執蒲璧 穀所以養人蒲爲席所以安人二玉蓋或以穀爲飾或以蒲爲瑑飾璧皆徑五寸不執圭者未成國也〔疏〕注穀所至國也○釋曰穀所以養人蒲爲席所以安人二玉蓋或以穀爲飾或以蒲爲瑑飾者此亦無正文故亦言蓋以疑之言或者幷疑以其二玉用物不同故云或耳云璧皆徑五寸者案玉人爛脫大行人有五寸之文也云不執圭者未成國也者據上文五命賜則是未成國也

以禽作六摯以等諸臣 摯之言至所執以自致○摯音至本或作贄〔疏〕注摯

之至自致○釋曰此亦與下爲揔目案下文有孤執皮帛而此云以禽者據羔已下以多爲主也案莊公傳男贄大者玉帛小者禽鳥尚書五玉亦云贄則玉亦是贄此上下文玉爲瑞禽云摯者此以相對爲文故王以下言瑞天子受瑞於天諸侯受瑞於天子諸臣無此義故以摯爲文鄭云摯之言至執之以自致者案士謁見新升爲士皆執摯乃相見卿大夫亦然至於五等諸侯朝聘天子及相朝聘皆執摯以自致及得見主人故以至解摯也

孤執皮帛卿執羔大夫執鴈士執雉庶人執鶩工商執雞

皮帛者束帛而表以皮爲之飾皮虎豹皮帛如今璧色繒也羔小羊取其羣而不失其類鴈取其候時而行雉取其守介而死不失其節鶩取其不飛遷雞取其守時而動曲禮曰飾羔鴈者以繢謂衣之以布而又畫之者自雉以下執之無飾士相見之禮卿大夫飾摯以布不言繢此諸侯之臣與天子之臣異也然則天子之孤飾摯以虎皮公之孤飾摯以豹皮與此孤卿大夫士之摯皆以爵不以命數凡摯無庭實○介音界或作分扶問反衣於旣反與音餘

〔疏〕注皮帛至庭實○釋曰凡此所執天子之臣尊諸侯之臣卑雖尊卑不同命數有異爵同則摯同此文雖以天子之臣爲主文兼諸

侯之臣是以士相見卿大夫士所執亦與此同但飾有異耳鄭云皮帛者束帛而表以皮爲之飾者案聘禮束帛加璧又云束帛乘馬故知此帛亦束束者十端每端丈八尺皆兩端合卷總爲五匹故云束帛也言表以皮爲之飾者凡以皮配物者皆手執帛以致命而皮設於地謂若小行人圭以馬璋以皮皮馬設於庭而圭璋特達以升堂致命也此言以皮爲之飾者孤相見之時以皮設於庭手執束帛而授但皮與帛爲飾耳云皮虎豹皮知者見禮記郊特牲云虎豹之皮示服猛且皮中之貴者勿過虎豹故知皮是虎豹皮也云帛如今璧色繒也者但玉有五色而言璧色繒蓋漢時有璧色繒故鄭舉以言之故云如今璧色繒其璧色繒未知色之所定也云羔小羊取其羣而不失其類者凡羊與羔皆隨羣而不獨故卿亦象焉而不失其類也云鴈取其候時而行者其鴈以北方爲居但隨陽南北木落南翔冰泮北徂其大夫亦當隨君無背云雉取其守介而死不失其節者但雉性耿介不可生服其士執之亦當如雉耿介爲君致死不失節操也云鶩取其不飛遷者庶人府史胥徒新升之時執鶩鶩即今之鴨是鶩既不飛遷執之者象庶人安土重遷也云雞取其守時而動者但工或爲君興其巧作商或爲君興販來去故執雞象其守時而動云曲禮曰飾羔鴈者以繢謂衣之以布而又

畫之者鄭意以經所執天子之臣與諸侯之臣同欲見飾之有異耳云自雉下執之無飾者欲見天子士諸侯士同皆無布飾以其士卑故不異又引士相見已下者欲以天子諸侯卿大夫飾摯者異明天子孤諸侯孤皮亦不同此約卿大夫以明孤無正文故言與以疑之也云此孤卿大夫士之摯皆以爵不以命數者但天子孤卿六命大夫四命上士三命中士再命下士一命諸侯孤四命公侯伯卿三命大夫再命士一命子男卿再命大夫一命士不命但爵稱孤皆執皮帛爵稱卿皆執羔爵大夫皆執鴈爵稱士皆執雉庶人已下雖無命數及爵皆執鶩天子諸侯下皆同故云皆以爵不以命數也云凡摯無庭實者案士相見皆不見有庭實對享私覿私面之等有庭實故此言無也

以玉作六器以禮天地四方禮謂始告神時薦於神坐書曰周公植璧秉圭是也○坐才卧反後神坐放此植音值又時力反又音置

【疏】注禮謂至是也○釋曰言作六器者此據禮神則曰器上文人執則曰瑞對此文義爾若通而言之禮神雖不得言瑞人執者亦曰器故聘禮云圭璋璧琮凡四器者唯其所寶以聘可也尚書亦以五瑞為五器卒乃復是其人執亦曰器也云禮謂始告神時薦於神坐者此以玉禮神在作樂下神後故鄭注大司樂云先奏是樂

以致其神禮之以玉而祼焉是其以玉禮神與宗廟祼同節若然祭天當實柴之節也云書曰周公植璧秉圭是也者此金縢文彼以周公請天代武王死之說爲三壇同墠又爲壇於南方周公於前立焉告大王王季文王故植璧於三王之坐秉圭引之者證植璧於神坐之側事也

以蒼璧禮天以黃琮禮地以青圭禮東方以赤璋禮南方以白琥禮西方以玄璜禮北方

此禮天以冬至謂天皇大帝在北極者也禮地以夏至謂神在崐崘者也禮東方以立春謂蒼精之帝而太昊句芒食焉禮南方以立夏謂赤精之帝而炎帝祝融食焉禮西方以立秋謂白精之帝而少昊蓐收食焉禮北方以立冬謂黑精之帝而顓頊玄冥食焉禮神者必象其類璧圜象天琮八方象地圭銳象春物初生半圭曰璋象夏物半死琥猛象秋嚴半璧曰璜象冬閉藏地上無物唯天半見◦琮才宗反璋音章琥音虎璜音黃混戸本反本又作崑音昆崘音倫本又作崙魯門反

疏 注此禮至半見◦釋曰云此禮天以冬至謂天皇大帝在北極者也者青圭已下有五天明此蒼璧禮天者是冬至祭圓丘者案大司樂云以雷鼓雷鼗雲門之舞冬日至於地上

之圜丘奏之若樂六變則天神皆降是也云禮地以夏至謂神在崑崙者也者崑崙與昊天相對蒼璧禮昊天明黃琮禮崑崙大地可知故大司樂云以靈鼓靈鼗夏日至於澤中之方丘奏之若樂八變則地示皆出是也故鄭彼云天神則主北辰地示則主崑崙是即與此同也云禮東方以立春謂蒼精之帝者此已下皆據月令四時迎氣皆在四立之日故以立春立夏立秋立冬言之也知皆配以人帝人神者亦據月令四時十二月皆陳人帝人神彼止爲告朔於明堂及四時迎氣配天帝而言告朔於明堂告五人帝告五人神配以文王武王必知迎氣亦有五人帝五人神者以其告朔入明堂至秋摠享五帝於明堂皆以五人帝五人神配天若然迎氣在四郊還是迎五天帝明知五人帝五人神亦配祭可知以其自外至者無主不止故皆以人帝人神爲配也言蒼精赤精白精黑精者皆據春秋緯運斗樞云大微宮有五帝座星文耀鉤亦云靈威仰之等而說也云禮神者必象其類者即璧圜已下是象其類也案爾雅云肉倍好謂之璧好倍肉謂之瑗肉好若一謂之環是璧圜也云琮八方象地者天圜以對地方地有四方是八方也云圭鋭象春物初生者雜記贊大行云圭剡上左右各寸半是圭鋭也云半圭曰璋者案典瑞云四圭有邸以祀天兩圭有邸以祀地兩圭半四圭又云圭

璧以祀日月是一圭半兩圭又云璋邸射以祀山川是璋又半一圭故云半圭曰璋公羊傳亦云寶者何璋判白亦半圭曰璋云象蕭物半死者夏時薺麥死是半死云琥猛象秋嚴者謂以玉爲琥形猛屬西方是象秋嚴也云半璧曰璜者逸禮記文似半圭曰璋也云冬閉藏地上無物唯天半見者列宿爲天文草木爲地文冬時草木枯落唯天上列宿仍在故云唯天半見故用半璧曰璜也此六玉所用則上璧下琮案覲禮加方明東方圭南方璋西方琥北方璜與此同唯上圭下璧與此違者鄭彼注云上宜以蒼璧下宜以黃琮而不以者則上下之神非天地之至貴者也彼上下之神是日月故陳玉與此不同也此經神不見中央含樞紐者此四時迎氣皆在四郊小宗伯云兆五帝於四郊鄭注云黃帝亦於南郊是也易云天玄而地黃今地用黃琮依地色而天用玄者蒼玄皆是天色故用蒼也**皆有牲幣各放其器之色**幣以從爵若人飲酒有酬幣○放方往反〔疏〕皆有至之色○釋曰言皆則上六玉所禮者皆有牲與幣也言各放其器之色則上蒼璧等六器所有牲幣各放此幣之色○注幣以至酬幣○釋曰知幣是從爵非禮神者若是禮神當在牲上以其神幣與玉俱設若肆師云立大祀用玉帛牲牷是帛在牲上今在下明非

禮神者也云若人飲酒有酬幣者獻尸從爵之幣無文故以生人飲酒之禮況之案聘禮饗時有酬幣明此幣既非禮神之幣則獻尸後酬尸時亦有幣之從爵也

以天產作陰德以中禮防之

以地產作陽德以和樂防之

鄭司農云陰德謂男女之情天性生而自然者過時則奔隨先時則血氣未定聖人爲制其中令民三十而娶女二十而嫁以防其淫泆令無失德情性隱而不露故謂之陰德陽德謂分地利以致富富者之失不驕奢則吝嗇故以和樂防之樂所以濫蕩邪穢道人之正性者也一說地產謂土地之性各異若齊性舒緩楚性急悍則以和樂防其失令無失德樂所以移風易俗者也此皆露見於外故謂之陽德陽德陰德不失其正則民和而物各得其理故曰以諧萬民以致百物玄謂天產者動物謂六牲之屬地產者植物謂九穀之屬陰德陰氣在人者陰氣虛純之則劣故食動物作之使動過則傷性制中禮以節之陽德陽氣在人者陽氣盈純之則躁故食植物作之使靜過則傷性制和樂以節之如是然後陰陽平情性和而能育其類○爲制于僞反其中丁仲反又如字令力呈反下同淫泆如字本亦作佚濫徒歷反邪似嗟反道人音導悍戶幹反劉音旱戚音胡板反

注鄭司至其類○釋曰天產地產與陰德陽德無正文
〔疏〕故先鄭後鄭各以意解之不從先鄭天產是天生自然
者以其天產地產相對產生也天生謂陰陽配合而生不由
人之營造當是六牲地生謂由人營種即植物九穀之屬是
也故天產地產皆不從先鄭也其陰德陽德後鄭又不從先
鄭者但言德者謂在身爲德今先鄭以陽德爲分地利以致
富以身外解之與陰德爲不露見自相違即知陰德爲男女
之情亦非故後鄭皆據人身陰陽之氣解之先鄭一說地產
謂土地之性此說地產與天產天性而自然何異故後鄭亦
不從也先鄭又云故曰以諧萬民以致百物者取下文釋此
也玄謂天產者動物謂六牲之屬者馬牛羊豕犬雞並自然
陰陽配合而生故謂之天產然萬物蠢動者皆自然配合獨
言六牲者但以此經云以天產作陰德據人所膳食作動身
中陰德故據六牲而言也云地產者植物謂九穀之屬者九
穀並是人所種植故云植物然草木皆地產今獨言九穀亦
據此經云作陽德謂食之作動人身中陽德故據九穀而言
也云陰德陰氣在人者陰氣虛統之則劣故食動物作之使
動者以其陰主消物是虛純虛則劣動物是陽故須食動物
六牲作之使動也云過則傷性制中禮以節之者過謂氣大
過大過則傷性傷性則奢泰僭濫故制中禮以防之禮言中

者凡人奢則僭上儉則逼下禮所以制中使不奢不逼故以禮爲中也云陽德陽氣在人者陽氣盈純之則躁故食殖物作之使靜者案禮記玉藻云頭實陽休是陽主盈滿故云陽氣盈純之則躁者陽氣主動不兼陰氣純之則躁故食植物作之使靜知植物爲陰者見聘禮致饔餼醓在碑東醢在碑西醯是穀之所爲是穀物爲陽之義也而此云植物陰者此以動植相對故動爲陽植爲陰彼以醓醢相對故醓爲陽醢爲陰也云過則傷性者謂太靜爲傷性樂爲陽故制和樂以節之陽氣盈案樂記云樂盈而反以反爲文故樂能損盈陰氣虛樂記云禮減而進以進爲文故禮能濟虛云如是然後陰陽平情性和者謂陰氣虛濟之使盈陽氣盈損之使虛故云陰陽平情性和也云而能育其類者即下文合天地之化已下是也

以禮樂合天地之化百物之產以事鬼神以諧萬民以致百物

禮濟虛樂損盈並行則四者乃得其和能生非類曰化生其種曰產○種章勇反〔疏〕以禮至百物○釋曰上文云中禮和樂是禮樂教世法故此經以禮樂並行以教使之得所萬物感化則能合天地之化謂能生非類也又能生其種故云百物之產又以禮樂事鬼神則尚書云祖考來格之等

是也云以諧萬民者則尚書云庶尹允諧是也云以致百物者則尚書云百獸率舞之等是也○注禮濟至曰產○釋曰禮濟虛樂損盈此樂記所云禮減而進以進爲文者是禮濟虛進謂濟益是禮當濟益其虛使之實滿又云樂盈而反以反爲文者是樂損盈反謂自抑止是樂當自抑止使盈而不放溢也云並行則四者乃得其和者言並行謂禮樂並行以教世則天地之間使不盈不虛折中得所則四者乃得其和也言四者謂天地之化百物之產共爲一以事鬼神爲二以諧萬民爲三以致百物爲四也知化產共爲一者以其化與產氣類相似故爲一也云能生非類曰化者凡言變化者變化相將先變後化故中庸云動則變變則化鄭云動動人心也變改惡爲善也變之久則化而性善也又與鳩化爲鷹之等皆謂身在而心化若田鼠化爲鴽雀雉化爲蜃蛤之等皆據身亦化故云能生非類曰化也易云乾道變化亦是先變後化變化相將之義也云生其種曰產者卵生胎生及萬物草木但如本者皆曰產也

凡祀大神享大鬼祭大示帥執事而卜日宿眡滌濯涖玉鬯省牲鑊奉玉齍詔大號治其大禮詔相

王之大禮執事諸有事於祭者宿申戒也滌濯溉祭器也玉禮神之玉也始涖之祭又奉之鑊亨牲器也大號六號之大者以詔大祝以爲祝辭治猶簡習也豫簡習大禮至祭當以詔相王群臣禮爲小禮故書涖作立鄭司農讀爲涖涖視也○省本又作眚同息井反後省牲鑊皆同鑊戶郭反齍音咨下同詔相息亮反注下同後詔相皆放此溉古愛反本或作概亨普庚反

疏 凡祀至大禮○釋曰此亦法三才故享大鬼在其中帥執事而卜日者謂祭三者鬼神之時祭前十日大宗伯先帥執事有事於祭者共卜取吉日乃齊云宿眡滌濯者謂祭前一宿視所滌濯祭器看潔淨以否云涖玉鬯者天地有禮神之玉無鬱鬯宗廟無禮神之玉而有鬱鬯但宗廟雖無禮神玉仍有圭瓚璋瓚亦是玉故曲禮云玉曰嘉玉郊特牲云用玉氣是也云省牲鑊者當省視烹牲之鑊云奉玉齍者此玉還是上文所涖者齍謂黍稷天地當盛以瓦簋但齍與上鬯互見爲義皆始時臨之祭又奉之詔大號者謂大宗伯告大祝出祝辭也云治其大禮者謂天地人之鬼神祭禮王親行之爲大禮對下小宗伯治小禮爲小也詔相王之大禮者謂未至之時詔告之及其行事則又相之○注執事至視也○釋曰案大宰云祀五帝前期十日帥執事而卜日注云執事宗伯大卜之屬此

注云執事諸有事於祭者二注不同者以其大宰不掌祭事故云執事大宗伯大卜之等卜日而已此大宗伯主祭祀之事故摠諸有事於祭者也云滌濯溉祭器也者此滌濯止是蕩滌以少牢有概祭器故據而言之概即拭也云玉禮神之王也者即蒼璧黄琮青圭赤璋之等及四圭兩圭之類皆是禮神置於神坐也案九嬪職云贊玉齍注云玉齍玉敦盛黍稷與此注玉爲禮神之玉齍即非王玉敦所飾注不同者彼九嬪所贊贊后設之據宗廟宗廟無禮神玉則玉齍不得別解故爲玉敦此據天地爲主有禮神玉故與齍別釋也大宰云祀五帝贊玉幣爵之事注云三者執以從王至而授之彼所執據五帝此所奉據昊天與崑崙故不同云始涖之祭又奉之者鄭據上云涖涖臨視也直視看而已下云奉據手執授玉故云祭又奉之云鑊亨牲器也者案特牲少牢鑊即爨在廟門之外東壁也云大號六號之大者謂若大祝云辨六號一曰神號二曰示號三曰鬼號四曰牲號五曰齍號六曰幣號之等是六號之大者也云以詔大祝以爲祝辭者經云詔大號大祝是事神之人又辨六號故知所詔是詔大祝爲祝辭祝辭則祝版之辭是也云羣臣禮爲小禮者則小宗伯小祝行者是也

若王不與祭祀則攝位 王有故代行其祭事○與音預下同

疏 注王有至祭事○釋曰攝訓爲代有故者謂王有疾及哀慘皆是也量人云凡宰祭與鬱人受嘏歷而皆飲之注云言宰祭者冢宰佐王祭亦容攝祭此宗伯又攝者冢宰貳王治事宗伯主祭事容二官俱攝故兩言之

凡大祭祀王后不與則攝而薦豆籩徹 薦徹豆籩王后之事

疏 凡大至籩徹○釋曰天地及社稷外神等后夫人不與此言凡大祭祀王后不與謂后應與而不與又云大祭祀明幷羣小祀則大祀者唯宗廟而已則攝而薦豆籩徹者鄭云薦徹豆籩王后之事是王后有故宗伯攝爲之凡祭祀皆先薦後徹故退徹文在下也

大賓客則攝而載果 載爲也果讀爲祼代王祼賓客以鬯君無酌臣之禮言爲者攝酌獻耳拜送則王也鄭司農云王不親爲主○果音祼又古亂反出注小宗伯職放此

疏 大賓至載果○釋曰此大賓客對文則賓客異散文則通故大司徒云大賓客令野脩道委積是賓客爲諸侯通也大行人云大賓爲五等諸侯大客即謂其臣是賓客異也案大行人云王公之禮再祼而酢此再祼祼者有后祼則亦攝爲之內宰贊之侯伯一祼而酢子男一祼不酢此皆無后祼王不親酌則皆使大宰宗伯攝而爲之○注載爲至

爲主○釋曰知代王祼賓客以鬯者見鬱人宗廟及賓客皆以鬱實彝而陳之即大行人所云祼與此祼皆用鬱鬯也云君無酌臣之禮者見燕禮大射諸侯禮皆使大夫爲賓宰夫爲主人是諸侯君不酌臣此大賓客遣大宗伯代祼是天子君亦不酌臣也云言爲者攝酌獻耳拜送則王者以其言代而爲祼即是直祼不拜案鄉飲酒燕禮大射賓主獻酢皆拜送其送是王自爲之以其恭敬之事不可使人故也引司農在下者不親爲主即君不酌臣義合故引之在下也

朝覲會同則爲上相大喪亦如之王哭諸侯亦如之相詔王禮也出接賓曰擯入詔禮曰相相者五人卿爲上擯大喪王后及世子也哭諸侯者謂薨於國爲位而哭之檀弓曰天子之哭諸侯也爵弁經紂衣○曰擯必刃反本或作賓同紂側其反

〔疏〕朝覲至如之○釋曰朝覲會同即兼四時朝覲云則爲上相者此則大行人云上公之禮擯者五人侯伯四人子男三人是也云大喪亦如之者后及世子喪王爲此主哭及拜賓則宗伯亦爲上相也云哭諸侯亦如之者謂諸侯薨於本國赴告天子天子爲位哭之大宗伯亦爲上相與王爲擯耳○注相詔至紂衣○釋曰云相詔王禮也者經三事爲相皆是詔告王禮也云出接賓

曰擯者擯大行人云擯者五人四人三人而言也云入詔禮曰相者此此據司儀云每門止一相及廟唯上相入是入廟詔禮曰相此對文義爾通而言之出入皆稱擯也云相者五人卿爲上擯者依大行人據上公而言此大宗伯爲上擯若大夫朝覲則肆師爲承擯四時來朝小行人爲承擯案覲禮嗇夫爲末擯若待子男則三人是矣若侯伯四人者加一士上公五人者加二士今鄭云相者五人卿爲上擯據此大宗伯是卿故指此上擯而言也云大喪王及后世子也者以其與王爲上相則王在矣而云大喪則是王后及世子矣亦得見大喪所相或嗣王則大喪中兼王喪也云哭諸侯者謂薨於國爲位而哭之者若來朝薨於王國則王爲之緦麻不應直哭之而已故引檀弓云天子之哭諸侯也爵弁經紂衣案彼注云麻不加於采經衍字以其遥哭諸侯著爵弁紂衣而已不合加麻經於紂衣爵弁之上也　王命諸侯則儐

儐進之也王將出命假祖廟立依前南鄉儐者進當命者延之命使登內史由王右以策命之降再拜稽首登受策以出此其畧也諸侯爵祿其臣則於祭焉○假音格至也依於豈反鄉許亮反策初革反【疏】注儐進至祭焉○釋曰云儐進之也者以命諸侯故知儐謂進使前以受策也云王將出命假祖廟者若諸侯命臣則因祭宗廟命

之則祭統十倫之義五曰見爵賞之施焉故祭之日一獻君降立于阼階之南南鄉所命者再拜受書以歸又云古者於禘也發爵賜服順陽義者諸侯命臣必於祭時若天子命臣不要在祭時欲命臣當時爲祭以命之故洛誥成王命周公後云烝祭歲文王騂牛一武王騂牛一王命作策逸祝策惟告周公其後注云告神周公宜立後謂封伯禽是非時而特假祖廟故文武各特牛也云立依前南鄉者此案司几筵云大朝覲大饗射凡封國命諸侯王位設黼依依前南鄉是立依前南鄉之事也云儐者進當命者延之命使登内史由王右以策命之降再拜稽首登受策以出者史由王右以策命之者此案覲禮天子使公與史就館賜侯氏命服時史由公右執策命之又案祭統云祭之日一獻君降立於阼階之南南鄉所命北面史由君右執策命之再拜稽首受書以歸天子無降立之事其餘則同命諸侯之史當王右以策命之云降再拜稽首登受以出約僖二十八年王命晉侯之事案彼傳云王命内史叔興父策命晉侯爲侯伯當時晉侯降再拜稽首登受策以出據彼文也云此其略也者但命諸侯其時威儀更有委曲今所言不載故云略也云諸侯爵祿其臣則於祭焉者祭統所云者是也

國有大故則旅上帝及四望

故謂凶烖

旅陳也陳其祭事以祈焉禮不如祀之備也上帝五帝也鄭司農云四望日月星海玄謂四望五嶽四鎮四瀆【疏】注故謂至四瀆○釋曰此旅是祈禱之名是以知是凶烖凶謂年穀不熟烖謂水火也云旅陳也陳其祭事以祈焉禮不如祀之備者但祈謂祈請求福得福乃祠賽之祠賽則備而與正祭同故知禮不如祀之備也云上帝五帝也者案禮器云祀帝於郊而風雨寒暑時風雨寒暑非一帝之所能為此祈請亦是求風雨寒暑時非一帝故知是五帝也鄭司農云四望日月星海後鄭不從者禮無祭海之文又山川稱望故尚書云望秩于山川是也玄謂四望五嶽四鎮四瀆知者祭山川既稱望案大司樂有四鎮五嶽崩四瀆又與五嶽相配故知四望中有此三者言四望者不可一往就祭當四向望而為壇遥祭之故云四望也

王大封則先告后土后土土神也黎所食者【疏】注后土至食者○釋曰大封謂若典命公八命卿六命大夫四命其出封皆加一等是其大封之事對封公卿大夫為采邑者為小封云則先告后土者封是土地之事故先以禮告后土神然後封之也注云后土土神也黎所食者言后土有二若五行之官東方木官勾芒中央土官后土此等后土土官也黎為祝融兼后土故云黎所食者若左氏傳云君戴皇

天而履后土彼爲后土神與此后土同也若句龍生爲后土官死配社即以社爲后土其實社是五土揔神非后土但以后土配社食世人因名社爲后土耳此注本無言后土社寫者見孝經及諸文注多言社后土因寫此云后土社故鄭荅趙商云句龍本后土後遷爲社王大封先告后土玄云后土土神不言后土社也鄭又荅田瓊云后土古之官名死爲社而祭之故曰后土社句龍爲土官後轉爲社世人謂爲后土無可怪此中后土不得爲社者聖人大平制禮豈得以世人之言著大典明后土土神不得爲社也

乃頒祀于邦國都家鄉邑頒讀爲班班其所當祀及其禮都家之鄉邑謂王子弟及公卿大夫所食采地○頒音班

〔疏〕注頒讀至采地○釋曰云頒讀爲班者鄭於周禮所有頒皆讀爲班班謂布也云班其所當祀及其禮者但名位不同禮亦異數既班其祀明亦班禮與之故連言禮也班禮謂若諸侯不得祭天地唯祭社稷宗廟五祀之等二王後與魯唯祭天仍不得祭地大都亦與外諸侯同其禮者若獻尸上公九侯伯七子男五皆大牢之屬是也其小都與家則依卿大夫之獻亦大牢也云都家之鄉邑謂王子弟以下者鄭恐經鄉邑六鄉六遂非都家之內鄉邑故以明之謂都家之內鄉邑耳其都家之內鄉邑未必

一如六鄉六遂家數但采邑之内亦有二十五家爲里以上以相統領故一成之内得有革車一乘士十人徒二十人發兵及出稅之法皆謂之鄉邑也謂王子弟者以親疎分於大都小都家邑三處食采地言及公卿大夫采地者謂若載師職公大都卿小都大夫家邑也

附釋音周禮注疏卷第十八

清嘉慶二十年重刊
用選樓藏本校

知南昌府張敦仁署鄱陽縣候補知縣周澍校

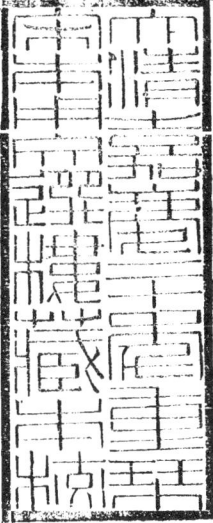

周禮注疏卷十八挍勘記　阮元撰盧宣旬摘錄

附釋音周禮注疏卷第十八

大宗伯

掌建邦之天神人鬼地示之禮　釋文地示音祇本或作祇按經作示注作祇通書準此

以佐王建保邦國　唐石經諸本同釋文佐子本或作左按葉鈔本作本或作佐則陸本正作左也○按依說文左者正字佐者今俗字

目吉禮於上　余本閩監毛本同嘉靖本目作自者誤也

吉禮之別十有二　毛本二誤三○按注詳言此者以證其卷首注所云其別三十有六也

以槱燎祀司中司命　釋文槱木亦作梄按羊人注作梄燎說文木部云槱積火燎之也从木从火酉聲周禮以槱燎祠司中司命又禉柴祭天神或從示然則此經槱字當以從木從火爲正梄者禉之訛禮禉者槱之或字

云三祀皆積柴實牲至焉 按至爲體之訛閩監毛本改作王誤

鄭義大陽不變 惠棟云依詩正義大陽當作天陽

是土十爲木八妻 惠棟云三統厤曰木以天三爲土十牡金以天九爲木八牡陽奇爲牡陰耦爲妃此當云土十爲木三妻八與十皆地數不得爲耦也

則北官好與南官好陽 閩監毛本與改娛浦鏜云官誤臣非也古云天官猶云官舍作臣非

五星左旋爲緯 浦鏜云右誤左

大微宮有五帝座星 惠挍本座作坐

其名汁光紀 閩本同監毛本汁作叶

常居傍兩星巨辰子位 惠挍本同閩監毛本常誤帝浦鏜云巨疑距字誤

紫之言中　浦鏜云當作紫之言此宮之言中脫四字

鄭注云天皇北辰耀魄寶　此鄭注文耀鈎也上引文耀鈎可證因文承爾雅之下而或云鄭有爾雅注誤讀此疏矣

又名大一常居　惠挍本同閩監毛本常居作帝君

歐陽說曰欽若昊天　按此下當脫春曰昊天四字

直是人逐四時五稱之　浦鏜云五疑互字訛

鄭君則以北星也　按北爲此之誤

則郊祭并祭日月可知　浦鏜云禮記疏作郊祭天並祭日

依虞書禮于六宗禮　惠挍本作虞喜○按喜誤

張融許從鄭君　惠挍本許作評此誤

以疈辜祭四方百物 說文刀部云副判也从刀畐聲周禮曰副辜祭又疈籒文副按鄭司農從故書作罷鄭君蓋從今書作疈

故書祀作禩 釋文作爲禩九經古義云小祝保郊禩于社杜子春讀禩爲祀說文云祀或從異作禩

疈爲罷 禮說云西京賦罝互擺牲古文擺作罷

不見四竇者 釋文四竇音獨本亦作瀆○按竇者瀆字之假借也

疈疈牲胷也 毛本胷作胸

謂磔攘及蜡祭 余本閩監毛本同釋文嘉靖本惠挍本攘作禳余本載音義作攘

八蜡以記四方 余本岳本嘉靖本同閩監毛本記作祀疏云八蜡以祀四方不作祀作祀者誤

湯遷柱而以周棄代之 閩監毛本柱誤社

周國在雍州時無四嶽 閩本同監毛本無誤爲

云不見四寶者四寶五獄之巫　閩監毛本寶改淆

宗祝亦執勺以先之　惠挍本同閩監毛本勺誤爵

是其順性之含藏也　惠挍本作順其此誤倒

率五年而再殷祭　余本閩監毛本同嘉靖本無率字按釋文大書率五二字爲音是陸本有率字釋日云自爾以後五年而再殷祭者公羊傳文是賈本無率字也

以玉爵酌醴齊以獻尸　浦鏜云醴誤體

如向所說具先灌訖　惠挍本同閩監毛本如誤知具誤其

次言獻是朝踐節　盧文弨云當從通考重一獻字

皆有灌獻肆三事矣　惠挍本同閩監毛本矣改耳

僖三十三年薨　惠挍本僖上有以字此脫

則知僖公宣公二年春有禘可知　浦鏜云三誤二

天神言煙　閩監毛本煙改禋非此從注讀禋之言煙下煙血同

大夫不食粱　監毛本同誤也嘉靖本閩本粱作梁當據正疏中同監毛本疏中作梁

札讀爲截謂疫厲　余本閩監本同毛本厲改癘宋本嘉靖本重截字與賈疏本同○按札者古文假借字也故注易其字作截截者斷也至字林乃有𣧑字从歹乚聲

截謂疫厲者　閩監毛本厲改癘

㿈焚　惠挍本作瘣焚疏同

此禍災當水火二事爲證也　惠挍本水火下有故引水火四字此脫

以禬禮哀圍敗　唐石經諸本同釋曰此經本不定馬融以爲國敗正本多爲圍敗

同盟者合會財貨　余本岳本嘉靖本同閩監毛本合會作會合與賈疏本同

在内爲軓 惠挍本軓作笂

親謂使之相親附 嘉靖本謂作者盩非

欲其若不期而俱至 余本岳本嘉靖本同閩監毛本俱作偶按賈𨻳引注亦作俱

非謂時常月 按疑當作謂非常時月

云王將有征討之事者 閩本同監毛本討改伐

同謂威其不協 余本嘉靖本毛本同閩監本協作恊

朱干設錫之類 閩監毛本錫誤錫設毛本誤該

是不義而勇 惠挍本下有也

大田之禮簡衆也 唐石經諸本同釋文閲衆音恱按釋曰簡閲也此或音注閲其車徒之數而誤涉經文

其民庶不得合聚　閩本剜改其爲則監毛本承之

今以兵而正之　閩監毛本而改往

以昏冠之禮　余本嘉靖本同唐石經閩監毛本昏作昬疏同○按昏字依說文从氏省爲正其云一曰民聲者淺人所增竄也

若據位爲王已後　惠挍本位上有即此脫

鄭摠云脤膰　惠挍本閩本同監毛本云誤名

王使人異往以物賀慶之　異字誤閩本改夫監毛本人異改大夫

使之不有僭差也　惠挍本作僭濫

列士封疆謂之諸侯　閩監本同毛本士作土浦鏜云士誤土非也按釋曰云謂列國之士者謂公侯伯爲列國故引孝經注列士謂之諸侯證之當從毛本作士此本閩監本作土誤也

則爵弁服　諸本同浦鏜云則上脫士字按釋曰云士則爵弁服者凡言士者無問天子士諸侯士例皆爵弁以助祭也此賈疏本有士字之明證

雖得言天子不得言位于王朝　閩監毛本作聘天子此作言誤于當爲於

賜之以方百里二百里之地者方三百以上爲成國　臧禮堂云春秋襄十四年正義引此注云賜之以方百里二百里三百里之地者方四百里以上爲成國今本二百里下脫三百里三字四百里作三百里誤甚當據此訂正按正義又云如鄭之言成國者唯公與侯耳伯雖與侯同命地方三百里未得爲成國也考大司徒職公地五百里侯地四百里伯地三百里故鄭云方四百里以上據公侯言之

以其伯二百里　浦鏜云三誤二

其尊如故　閩本剜改如字作加監毛本承其誤

此後鄭先鄭所云　惠挍本同閩監毛本改作先鄭後鄭

加一命爲二伯也　閩監毛本一誤二

賈服之等諸侯九州之伯　閩本上之字剜擠作云五二字監毛本承之誤甚○按閩監毛本是也

有此王之鎮圭　補毛本有此作此有

蓋以四鎮之山爲瑑飾　嘉靖本瑑作琢下同釋文爲瑑直轉反

王晉大圭　閩監毛本晉改搢

文有麄縟耳　嘉靖本閩本同余本監毛本麄作麤疏同按釋文作麤○按从三鹿者正字也麄者俗字也

蓋皆象以人形象致飾者　浦鏜云爲瑑誤象致

二玉蓋或以縠爲飾　段玉裁云爲下脫瑑字

以禽作六摯 唐石經諸本同釋文六摯本或作贄按廣韻六至下引以禽作六贄云本亦作摯

雉取其守介而死 釋文守介音界或作分扶問反按雉介鳥或作分非

謂臣無此義 補監毛本謂作諸

文兼諸侯之臣 浦鏜云文當亦字訛或改作又

手執束帛而授 惠挍本下有之此脫

故鄭舉以言之 漢制考以作而

其大夫亦當隨君無背 閩毛本同此本及監本背誤皆今訂正

爵大夫皆執鴈 惠挍本爵下有稱

故植璧於三王之坐秉桓圭 補毛本桓作植

靈威仰之等而說也 浦鏜云而說字疑衍○按而說二字直跟上文皆據二字句太長故

鏜惑之耳

云象萬物半死者 惠挍本作夏物此誤

以其神幣 惠挍本神上有禮

所以滌蕩邪穢 釋文作蕩滌今本誤倒

鑊烹牲器也 余本閩監毛本同釋文賈疏嘉靖本烹皆作亨當據正烹俗亨字

羣臣禮爲小禮 漢讀攷云羣臣乃羣神之誤對大神大鬼大祇言也小宗伯注云小禮羣神之禮亦可證賈疏依誤立說不可從

前期卜日 浦鏜云十誤卜

此滌濯止是蕩滌以少牢有概祭器 閩本上句同監毛本止誤此閩監毛本概誤槪

三者執以從王浦鏜云王誤玉下授王同
二曰禾號三 鬼號浦鏜云今經文示鬼字互易
王公之禮浦鏜云上誤王
爵弁經紂衣釋文作純衣
云大喪王及后世子也者惠挍本作王后及世子此誤
則是王后及世子矣惠挍本作明是此誤
發爵賜服順陽義者浦鏜云也誤者惠挍本誤皆
當時爲祭以命之監毛本同誤也閩本時作特當據正
以親疏分於大都小都家邑惠挍本閩本同此本於誤殷監毛本改爲今訂正

周禮注疏卷十八挍勘記終

南昌袁泰開挍

附釋音周禮注疏卷第十九

鄭氏注　賈公彥疏

小宗伯之職掌建國之神位右社稷左宗廟庫門內雉門外之左右故書位作立鄭司農云立讀為位古者立位同字古文春秋經公即位為公即立〔疏〕小宗至宗廟○釋曰建立也言立邦之神位者從內向外故據國中神位而言對下經在四郊等為外神也言右社稷左宗廟者案匠人亦云左宗廟右社稷彼掌其營作此掌其成事位次耳案禮記祭義注云周尚左又案桓公二年取郜大鼎納於大廟何休云質家右宗廟尚親親文家右社稷尚尊尊若然周人右社稷者地道尊右故社稷在右是尚尊尊之義此據外神在國中者社稷為尊故鄭注郊特牲云國中神莫大於社祭義注周尚左者據內神而言若據衣服尊卑先王袞冕先公鷩冕亦貴於社稷故云周尚左各有所對故注不同也○注庫門至即立○釋曰鄭知庫門內雉門外者後鄭義以雉門為中門周人外宗廟故知雉門外庫門內之左右也先鄭云古者立位同字者是古者假借字同也云古文春秋者藝文

志云春秋古經十二卷是此古文經所藏之書文帝除挾書之律此本然後行於世故稱古文

兆五帝於四郊，四望四類亦如之

兆爲壇之營域五帝蒼曰靈威仰太昊食焉赤曰赤熛怒炎帝食焉黃曰含樞紐黃帝食焉白曰白招拒少昊食焉黑曰汁光紀顓頊食焉黃帝亦於南郊鄭司農云四望道氣出入四類三皇五帝九皇六十四民咸祀之玄謂四望五嶽四鎮四竇四類日月星辰運行無常以氣類爲之位兆日於東郊兆月與風師於西郊兆司中司命於南郊兆雨師於北郊○仰如字劉五郎反熛必消反樞昌朱反紐女久反拒居禹反沈又音巨汁音叶劉子集反

疏 兆五至如之○釋曰自此以下云外神從尊至卑故先云五帝此不云大帝者此文上下唯論在四郊以對國中右社稷左宗廟其大帝與崐崘自相對而在四郊之內有自然之圜丘及澤中之方丘以其不在四郊故不言也○注兆爲至北郊○釋曰云兆爲壇之營域者案封人云社稷之壝謂壝土爲之即此壇之營域一也不言壇者舉外營域有壇可知云五帝蒼曰靈威仰之等此於大宗伯釋訖但彼據禮神玉幣而言此據壇域處所而說故兩處各言之也司農云四望道氣出入者案上注司農以爲日月星海後鄭不從矣今此云道氣出入與上注

不同者以無正文故兩注有異若然云道氣出入則非日月
星海謂五嶽之等也故後鄭就足之還爲五嶽之屬解之先
鄭云四類三皇五帝九皇六十四民咸祀之者案史記云九
皇氏没六十四民興六十四民没三皇興彼雖無三皇五帝
之文先鄭意三皇已祀之明并祭五帝三五可知後鄭不從
者以其兆五帝已下皆據外神大昊句芒等配祭而已今輒
特祭人帝於其中非所宜故不從是以取五嶽之屬易之也
後鄭注云四類日月星辰者以其言類明以氣類而爲位以
祭之故知是日月之等知兆日於東郊者案祭義云大明生
於東故覲禮亦云拜日於東郊玉藻又云朝日於東門之外
也又知兆月於西郊者月生於西知風師亦於西郊者以其
五行金爲暘土爲風風雖屬土秋氣之時萬物燥落由風故
風亦於西郊也云兆司中司命於南郊者以其南方盛陽之
方司中司命又是陽故司中司命在南郊也云兆雨師於北
郊者以其雨是水宜在水位故知雨師在北郊天子四望諸
侯三望境内山川案僖三十一年夏四月猶三望服氏云三
望分野星國中山川又上文先鄭云四望日月星海後鄭必
知望祭中無天神者案哀六年云初楚昭王有疾卜曰河爲
祟王弗祭大夫請祭諸郊王曰三代命祀祭不越望江漢雎
漳楚之望也爾雅又云梁山晉望又案尚書云望於山川則

知望祭中無天神可知若天神日月之等當入四類之內也若然尚書云望於山川必知四望非山川是五嶽四竇者以其下云兆山川丘陵之等山川既在下故知此四望是五嶽之屬山川之大者也兆山川丘陵墳衍各因其方順其所在疏兆山至其方○釋曰案大司徒職地有十等此不言林澤原隰亦順所。掌五禮之禁令與其用等用等牲器尊卑之差鄭司農云五禮吉凶軍賓嘉疏注用等至軍嘉○釋曰云用等牲器尊卑之差者謂若天子大夫已上大牢士少牢諸侯之大夫少牢士特牲之等其器謂若少牢四敦特牲二敦士二豆三俎大夫四豆五俎諸侯六豆七俎天子八豆九俎其餘尊罍爵勺及饗食之等各依尊卑之差先鄭云五禮吉凶賓軍嘉者大宗伯職文辨廟祧之昭穆祧遷主所藏之廟自始祖之後父曰昭子曰穆○昭常遥反疏辨廟祧之昭穆釋曰案禮記王制云天子七廟三昭三穆與大祖之廟而七諸侯二昭二穆與大祖之廟而五大夫一昭一穆與大祖之廟而三士一廟案祭法適士二廟王制不言之者取自上而下降殺以兩故略而不言二廟者故此揔云廟祧之昭穆諸侯無二祧謂始封大祖廟爲祧故聘禮云不腆先君之祧是大祖爲祧也○注祧遷至曰穆○釋曰案祭法注祧之言超超然上去意以其遠廟爲祧故云上去意也周以文武爲二祧文王第稱穆武王第稱昭當文武後穆之木主入文王祧昭之木主入武王祧故云遷主所藏之廟曰祧也云自始祖之後父曰昭子曰穆者周以后稷廟爲始祖特立廟不毀即從不窋已後爲數不窋父爲昭鞠子爲穆從此以後皆父爲昭子爲穆至文王十四世文王第稱穆也

辨吉凶之五服車旗宮室之禁五服王及公卿大夫士之服

疏辨吉至之禁○釋曰云吉凶之五服者皆據人數而云五也又云車旗宮室之禁者謂若典命云國家宮室車旗衣服禮儀以九以七以五爲節言禁令者謂五服及車旗宮室皆不得上僭下逼當各依品命爲法○注五服至之服○釋曰案尚書五服五章才鄭注云十二也九也七也五也三也又云予欲觀古人之象日月星辰注云此十二章天子備有公自山而下孝經云非先王之法服注云先王制五服日月星辰服諸侯服山龍云云皆據章數而言今此注五服以爲王及公卿大夫士之服不據章數爲五者以其喪服自天子達於士唯一而已不得數服爲五則知吉之五服亦不得數服故皆據

人爲五也掌三族之別以辨親疏其正室皆謂之門子掌其政令三族謂父子孫人屬之正名喪服小記曰親親以三爲五以五爲九正室適子也將代父當門者也政令謂役守之事○適丁歷反

疏掌三至政令○釋曰此三族謂父子孫一本而言推此而往其中則兼九族矣云辨親疏者據已上至高祖下至玄孫傍至緦麻重服者則親輕服者則疏也云正室皆謂之門子者還據九族之内但是適子正體主皆是正室亦謂之門子○注三族至之事○釋曰云三族謂父子孫者此據已上親父下親孫是父子孫此即親親以三是也云以三爲五者謂此父子孫之三以父親祖以子親孫則五也云以五爲九者謂以祖親曾高以孫親曾玄即是以五爲九也若然不言以五爲七乃云以五爲九者齊衰三月章云爲曾祖鄭注云服之數盡於五則高祖宜緦麻曾祖宜小功也據祖期則曾祖宜大功高祖宜小功也高祖曾祖皆有小功之差則曾孫玄孫爲之服同也重其衰麻尊尊也減其日月恩殺也以此而言曾祖高祖服同齊衰三月則爲曾孫玄孫服同緦麻三月以尊卑服同故經云以五爲九不須言以五爲七也云政令役守之事者案諸子職云掌國子之倅若有甲兵之事致於大子

惟所用之是其役事案宮伯職云掌士庶子又有八次八舍宿衛之事是其守之事故摠云政令役守之事也**毛六牲辨其名物而頒之于五官使共奉之**毛擇毛也鄭司農云司徒主牛宗伯主雞司馬主馬及羊司寇主犬司空主豕○毛六戚如字劉莫報反〔疏〕毛六至奉之○釋曰言辨其名物者若六牲皆有名若馬牛羊豕犬雞物色也皆有毛色若宗廟用騂之等云頒之于五官者六卿應言六官而云五者以其天官貳王治事尊而不使奉牲故五官也云使共奉之者謂充人養之至祭日之旦在廟門之前頒與五官使共奉之助王牽入廟即祭義所云卿大夫贊幣而從之彼雖諸侯法可況天子也○注毛擇至主豕○釋曰先鄭云司徒奉牛已下皆案職知之若大司徒有牛人即云奉牛牲宗伯職有雞人即云供雞牲司馬職有羊人校人掌馬即云共羊牲奉馬牲司寇職有犬人即云奉犬牲是以先鄭依而用焉唯司空職亡先鄭知主豕者五行傳聽之不聽則有豕禍是豕屬北方司空冬官故奉豕牲也

辨六齍之名物與其用使六宮之人共奉之齍讀爲粢六粢謂六穀黍稷稻粱麥苽○苽音孤〔疏〕

辨六至奉之○釋曰六穀云名物者謂六穀各有名其色異故云名物也云與其用者六穀所用若六牲六彝所用不同之事故使六宮之人奉之六宮之人謂若世婦職云女宮之宿戒者也○注齍讀至麥苽○釋曰讀齍爲粢者爾雅釋草粢稷也粢字從米以次爲聲其齍字從皿以齊爲聲從皿不如從米故讀粢也云六粢黍稷稻粱麥苽者約食醫和王六食云黍稷稻粱麥苽而言

辨六彝之名物以待果將 六彝雞彝鳥彝斝彝黃彝虎彝蜼彝果讀爲祼○斝音假又音嫁蜼音誄又盧水反

〔疏〕注六彝至爲祼○釋曰上二經皆云使共奉之此及下經不云使共奉之而云以待文不同者上二者官衆故云使共奉此及下文並是司尊彝一職之事又是春官當司所主故直云以待也祼言將者將送也謂以圭瓚酌之送與尸及賓故云將六彝之名出司尊彝也云果讀爲祼者諸文皆云祼故讀從之其實祼更讀爲灌

辨六尊之名物以待祭祀賓客 待者有事則給之鄭司農云六尊獻尊象尊壺尊著尊大尊山尊○獻素何反著直略反大音泰

〔疏〕辨六至賓客○釋曰案司尊彝唯爲祭祀陳六

彝六尊不見爲賓客陳六尊此兼言賓客則在廟饗賓客時
陳六尊亦依祭禮四時所用唯在外野饗不用祭祀之尊故
春秋左傳云犧象不出門也若然案鬱人云掌祼器凡祭祀
賓客之祼事則上六彝亦爲祭祀賓客而辨之而不言祭祀
賓客者舉下以明上故略而不言○注待者至山尊○釋曰
云待者有事則給之者所須則祭祀賓客是也上經六彝亦
云以待鄭不言者上經不言祭祀賓客先鄭亦略而不言亦
就此以待祭祀賓客而解之先鄭解六尊亦據司尊彝而言
也

掌衣服車旗宮室之賞賜王以賞賜有功者書曰車服以庸

疏 掌衣至賞賜○釋曰衣服謂若司服衮冕以下唯有大裘不
可以賞賜以其諸侯不合用之是以魯祭天用衮冕則二王
後祭天亦不得用大裘也云車旗者謂若巾車金路象路革
路木路及夏篆已下亦得依所乘者賜之唯玉路不得賜與
大裘同是以魯用殷之大路也○注王以至以庸○
釋曰引書者尚書舜典文孔云賜以車服旌其能用

掌四時祭祀之序事與其禮序事卜日省牲視滌濯饔爨之事次序之時

疏 注序事至之時○釋曰云序事卜日省牲之等者此以經云
掌四時祭祀之事序謂次第先後故取上大宗伯凡祀大神

享大鬼祭大祇帥執事而卜日已下之事下亦有省牲已下故
取以証序事唯饗爨之言出於特牲即大宗伯云牲鑊一也
若國大貞則奉玉帛以詔號號神號幣號鄭司農云大貞謂卜立
君卜〈疏〉若國至詔號○釋曰此國大貞則大卜所云凡國
大封大貞卜大遷之等視高作龜者是也○注號神至
大封○釋曰此言卜事而云神號者案大祝有神號幣號又
案下天府職云季冬陳玉以貞來歲之媺惡鄭云問事之正
曰貞謂問於龜大卜職大貞之屬陳玉陳禮神之玉龜有天
地四方則玉有六器者與此既言玉帛明亦有六幣以禮神
也先鄭云大貞謂卜立君卜大封
大卜文不言大遷者引文略也
大祭祀省牲眂滌
濯祭之日逆齍省鑊告時于王告備于王逆齍
受饎人之盛以入省鑊視亨腥孰時薦陳之晚〈疏〉大祭至
早備謂饌具○饎昌志反亨普庚反劉普孟反于王○
釋曰此云省牲眂滌濯省鑊與大宗伯文同謂佐大宗伯其
大宰省牲者察其不如法其逆齍即大宗伯涖玉齍者是也
大宗伯涖之小宗伯迎之是相佐也其告時告備是其專職
耳○注逆齍至饌具○釋曰知齍受饎人之盛以入者案少

牢饎爨在廟門之外明天子諸侯饎爨亦在廟門外今言迎齍明於廟門之外迎入向廟堂東實之於簠簋也云省鑊視亨腥孰者案禮運云腥其俎孰其殽鄭云腥其俎豚解而腥之孰其殽體解而爓之此謂祭宗廟朝踐饋獻節彼下文更有體其犬豕牛羊謂室中饋孰亦須鑊鄭不言略也云時薦陳之晚早者陳謂祭前陳饌於堂東薦謂薦之於神坐皆有晚早云備謂饌具者此饌具即堂東所陳陳備即告告王祭時已至當行事也

凡祭祀賓客以時將瓚果將送也猶奉也祭祀以時奉而授王賓客以時奉而授宗伯天子圭瓚諸侯璋瓚○瓚才但反

【疏】注將送至璋瓚○釋曰云祭祀以時奉而授王者案小宰職云凡祭祀贊王幣爵之事祼將之事注云又從大宰助王也將送也祼送送祼謂贊王酌鬱鬯以獻尸以人道宗廟有祼此小宗伯又奉而授王者此據授王彼小宰據授尸謂瓚既在王手小宰乃贊王授尸故二官俱言也云賓客以時奉而授宗伯者大宗伯云大賓客攝而載祼者是也云天子用圭瓚者玉人云祼圭尺有二寸者是也云諸侯用璋瓚者此謂未得圭瓚之賜者故王制云諸侯賜圭瓚然後爲鬯未賜圭瓚則資鬯於天子是用璋瓚謂未得圭瓚賜者也是以祭義云君用圭瓚灌大宗用璋瓚亞灌鄭云大宗

亞灌容夫人有故是諸侯亦用圭瓚也若然天子用圭瓚則后亦用璋瓚也其諸侯未得圭瓚者君與夫人同用璋瓚也

詔相祭祀之小禮凡大禮佐大宗伯臣之禮　小禮羣

〔疏〕詔相至宗伯○釋曰云詔相祭祀之小禮者謂王有故不親行事使臣攝祭則爲小禮故鄭云羣臣之禮云凡大禮佐大宗伯者大宗伯所云者小宗伯佐之也此經所云既未至職未輒言此者此已下皆小宗伯專行事不佐大宗伯故於中言之以結上也

賜卿大夫士爵則儐賜猶命也儐之如命諸侯之儀春秋文元年天王使毛伯來錫公命傳日錫者何賜也命者何加我服也

〔疏〕賜卿至則儐○釋曰諸侯尊故大宗伯儐卿大夫士卑故小宗伯儐之○注賜猶至服也○釋曰云賜猶命也者但命謂以簡策以辭命之并加以服賜自是以車馬賜之則賜命別矣而言賜猶命者欲見賜命相將之物故覲禮賜侯氏以車馬及命書與篋服同時也云如命諸侯之儀者儀法雖同禮數則異也引公羊傳者欲見賜命相將之事

小祭祀掌事如大宗伯之禮大賓客受其將幣之齎謂所齎來貢獻之財物○齎子

兮反本又作賁〔疏〕小祭至之禮。釋曰小祭祀謂王玄冕所祭則小宗伯專掌其事其法如大宗伯也。注謂所至財物。釋曰此謂諸侯來朝覲禮畢每國於廟貢國所有行三享之禮諸侯以玉幣致享既訖其庭實之物則小宗伯受之以東故云受其將幣之齎也

若大師則帥有司而立軍社奉主車

有司大祝也王出軍必先有事於社及遷廟而以其主行社主曰軍社遷主曰祖春秋傳曰軍行祓社釁鼓祝奉以從曾子問曰天子巡守以遷廟主行載于齊車言必有尊也書曰用命賞于祖不用命戮于社社之主蓋用石為之奉謂將行。祓芳物反劉音廢從才用反齊車側皆反〔疏〕若大至主車。釋曰言大師者大起軍師以征代云帥有司而立軍社者謂小宗伯帥領有司大祝而立軍社載於齊車以行云奉主車者謂遷主亦載於齊車以行也。注有司至將行。釋曰鄭知有司是大祝者見大祝職云大師設軍社故也鄭知王出軍必先有事於社及遷廟而以其主行者見大誓及王制將出軍皆云類於上帝宜於社又曾子問云以遷廟主行載於齊車故知也云社主曰軍社者以其載社在於軍中故以軍社言之云遷主曰祖者此經直云奉主車雖不言祖鄭意欲取尚書賞於祖為證故先言遷

主曰祖也引春秋者定四年召陵之會將會衛子行敬子言於靈公曰會同難其使祝佗從祝佗曰君以軍行祓社釁鼓祝奉以從若君行師從卿行旅從祝不出境祝佗言此者欲見召陵之會是朝聘吉行大祝不合行意時靈公抑遣行祝佗遂行引者欲見此經有司立軍社是大祝之事也引曾子問者欲見軍行天子諸侯皆用遷廟木主行之意也尚書者是甘誓啓與有扈戰於甘之野誓士衆之辭引之者欲見軍行須軍社遷主也云社之主蓋用石爲之者案許慎云今山陽俗祠有石主彼雖施於神祠要有石主主類其社其社既以土爲壇石是土之類故鄭注社主蓋以石爲之無正文故云蓋以疑之也云奉謂將行者以曾子問云載於齊車又尚書用命賞於祖故知奉謂將行也

若軍將有事則與祭有司將事于四望軍將有事將與敵合戰也鄭司農云則與祭謂軍祭表禡軍社之屬小宗伯與其祭事玄謂與祭有司謂大祝之屬蓋司馬之官實典焉○與音預注則與與與其祭與祭與執事同

〔疏〕若軍至四望○釋曰其四望者謂五嶽四鎮四瀆王軍將有事與敵合戰之時則小宗伯與祭有司大祝之等祭四望之神以求福但四望之神去戰處遠者不必祭之王之戰處要有近之者祭之故以四望言之也

○注軍將至與焉。○釋曰先鄭以與祭以上絶讀之若然則與祭者與祭何神乎其有司將事於四望則有司自有事於四望矣不干小宗伯輒於此言之見何義也於義不然故鄭合爲一事解之也鄭知有司是大祝者案大祝職云大師國將有事於四望與此義同故知有司大祝知司馬實典之者以其軍事是司馬所掌故知司馬實典主其事也無正文故云蓋以疑之也

若大甸則帥有司而饁獸于郊遂頒禽

甸讀曰田有司大司馬之屬饁饋也以禽饋四方之神於郊郊有羣神之兆頒讀爲以予羣臣詩傳曰禽雖多擇取三十焉其餘以予大夫士以習射於澤宮而分之。○甸音田出注下甸役同饁于輒反劉于法反

疏 若大至頒禽。○釋曰言大甸者天子四時田獵也云則帥有司而饁獸于郊者謂出在四郊之外田訖以禽獸饋於郊者將入國過四郊四郊皆有天地日月山川之位便以獸薦於神位以歆神非正祭直是野饁獸於郊云遂頒禽者因事曰遂以在郊饁獸訖入至澤宮中而射以主皮行班餘獲射之禮故云遂頒禽○注甸讀曰田有司大司馬之屬饁饋也以禽饋至分之。○釋曰甸者以郊外曰甸獵在甸地故云甸今讀曰田者義將兩兼并直獵在甸地亦得取田義以其似治田去不秀實故

以田言之云有司大司馬之屬者以其軍事是司馬之事故大司馬職云徒弊致禽饁獸於郊故知大司馬之屬但小宗伯不可帥大司馬身故知所帥者司馬之屬官故以之屬言之也云四方之神者即天地山川之等云郊有羣神之兆者上文兆五帝於四郊四類四望亦如之兆山川丘陵各於其方是羣神之兆也引詩傳者証頒禽之義書傳亦云焉

大裁及執事禱祠于上下神示　執事大祝及男巫女巫也求福曰禱得求曰祠讄曰禱爾于上下神祇鄭司農云小宗伯與執事共禱祠○讄音誄

〔疏〕大裁及執事禱祠于上下神示○釋曰云大裁者謂國遭水火及年穀不熟則禱祠於上下天地神祇○注執事大祝及男巫女巫至禱祠○釋曰鄭知執事之中大祝及男巫女巫者見大祝職云國有大故天裁則彌祀社稷司巫云國大裁則帥巫而造巫恒男巫職中雖無事其司巫所帥者即帥男巫也女巫職云凡邦之大裁歌哭而請是以鄭君歷而言焉以充事也云求福曰禱得求曰祠兩言之者欲見初禱後得福則祠之也

王崩大肆以秬鬯渳　鄭司農云大肆大浴也杜子春讀渳爲泯以秬鬯浴尸玄謂大肆始陳尸伸之○渳亡婢反杜音泯亡忍反李亡辨反

〔疏〕注鄭司至伸之

釋曰先鄭與子春所解皆不釋肆字故後鄭就足之特解肆爲始陳尸伸之者肆訓爲陳爲伸故也必用秬鬯者以死者人所惡故以秬鬯浴尸使之香也大祝職云大喪始崩以肆鬯渳尸小祝又云大喪贊渳彼二官已掌之此言之者察其不如儀也

及執事涖大斂小斂帥異族而佐

執事大祝之屬涖臨也謂斂者蓋事官之屬爲之喪大記曰小斂衣十九稱君大夫士一也大斂君百稱大夫五十稱士三十稱異族佐斂疏者可以相助○斂力驗反下及注同稱尺證反

〔疏〕注執事至相助○釋曰鄭注執事是大祝之屬者案大祝職云大喪贊斂明大祝執事小宗伯涖之云親斂者蓋事官之屬爲之者以其諸處更不見主斂事者事官又主工巧之事以無正文故疑事官之屬爲之也引喪大記者以天子之喪六小斂稱數無文故約諸侯法推出天子斂之稱數也案喪大記注小斂十九稱法天地之成數故尊卑同至於襲與大斂乃異大斂五等諸侯同百稱天子蓋百二十稱也天子大夫士約與諸侯之卿大夫士同以其執贄同故祿與廟數及襲斂亦無嫌也云異族佐斂疏者可以相助者此異族據姓而言之

縣衰冠之式于路門之外

制色宜齊同○縣音玄衰七雷反○

〈疏〉縣衰至之外。○釋曰：式謂制及色，故鄭云制色宜齊同。知式中兼有色者，案禮記問喪云斬衰貌若苴，齊衰貌若枲，齊斬之衰其色亦如貌，故鄭知式中兼有色也。但冠不據色，是以喪服傳云冠六升鍛而勿灰，明不色如苴也。縣衰冠，大僕云縣喪首服之法于宮門，注云首服謂免髽笄總廣狹長短之數，與此不同，故彼別縣之也。

及執事眡葬獻器，遂哭之。執事蓋梓匠之屬。至將葬，獻明器之材，又獻素獻成，皆於殯門外。王不親哭，有官代之。○〈疏〉及執至哭之。○釋曰：此文承衰冠之下、卜葬之上，謂既殯之後事。故禮記檀弓云既殯旬而布材與明器。云執事眡葬獻器遂哭之，謂獻明器之時，小宗伯哭此明器，哀其生死異也。○注執事至代之。○釋曰：鄭知執事是梓匠之屬者，以其明器所爲是工巧之事，梓人匠人見主工巧，故知是梓匠也。言之屬者，冬官摠主人工事，故以之屬兼之。但無正文，故云蓋以疑之也。云至將葬獻明器之材者，亦約檀弓云既殯旬而布材，故知將葬獻材也。又知獻素獻成皆於殯門外者，見士喪禮云獻材于殯門外，西面北上綪，主人徧視之如哭椁；獻素獻成亦如之。注云形法定爲素，飾治畢爲成，是其事也。云王不親哭有官代之者，按士喪禮主人親哭，以無官。此王不親哭，以其有官，有官則小宗伯

哭之是也

卜葬兆甫竁亦如之

兆墓塋域甫始也鄭大夫讀竁皆爲穿杜子春讀竁爲毳皆謂葬穿壙也今南陽名穿地爲竁聲如腐脃之脺○竁昌絹反李依杜昌銳反鄭大夫音穿腐房甫反脃之脃七歲反舊作脺誤劉清劣反或倉沒反字書無此字但有膬字音千劣反今注本或有作膬字者則與劉音爲協沈云字林有脺音卒脺者牛羊脂膬者耎易破恐字誤卜葬案如沈解義則可通聲恐未協脺已下皆非鄭義〔疏〕至如之○釋曰王喪七月而葬將葬先卜墓之塋兆故云卜葬兆也云甫竁者既得吉而始穿地爲壙故云甫竁也云亦如之者亦如上明器哭之但明器材哭於殯門外此卜葬地在壙所則哭亦與在殯所哭之相似故云亦如之○注兆墓至之脺○釋曰孝經云卜其宅兆注兆以爲龜兆解之此兆爲墓塋兆者彼此義得兩合相兼乃具故注各據一邊而言也鄭大夫讀竁皆爲穿此經唯有一竁而云皆在下冢人甫竁皆爲穿也杜子春讀竁爲毳毳亦是穿當時有此語後鄭從之故云皆謂葬穿壙也云今南陽名穿地爲竁聲如腐脃之者時南陽郡人名穿地爲竁竁之聲如腐脃之脺則以竁爲脃也

既葬詔相喪祭之禮

喪祭虞祔也檀弓曰葬日虞弗忍一日離也是日也以虞

易奠卒哭曰成事是日也以吉祭易喪祭明日祔于祖父○離力知反○〔疏〕注喪祭至祖父○釋曰鄭知喪祭是虞祔也者以文承卜葬之下成葬之上其中唯有虞祔而已故以虞祔解之也檀弓曰葬日虞弗忍一日離也者自始死至葬前未忍異於生故無尸而設奠象生時薦羞於坐前也既葬送形而往迎魂而反日中而虞虞者鄭注士虞禮云虞安也所以安神是也葬之朝爲大遣奠反日中而虞是不忍一日使父母精神離散故云不忍一日離也云是日也以虞易奠者以士虞禮云男男尸女女尸爲神象鬼事之是以虞易奠也云卒哭曰成事是日也以吉祭易喪祭者案士虞禮三虞卒哭俱用剛日云哀薦成事故檀弓記人解士虞禮云卒哭曰成事祭以吉爲成故云是日也以吉祭易喪祭虞祭是也云明日祔於祖父者引之證經喪祭爲虞祭又爲祔祭士之禮葬用柔日假令丁日葬葬日第一虞隔戊日己日爲第二虞後虞改用剛用庚日卒哭亦用剛日隔辛日壬日爲卒哭祭其祔祭又用柔日則癸日爲祔祭是士從始虞至祔日摠用七日以此差之大夫五虞諸侯七虞天子九虞相次日數可知耳此喪中自相對虞爲喪祭卒哭即爲吉祭以卒去無時哭哀殺故爲吉祭若喪中對二十八月復平常爲吉祭則禫祭已前皆爲喪祭也若然喪中自相對虞爲喪祭卒

哭爲吉祭而鄭云喪祭虞祔并祔祭亦爲喪祭者此鄭欲引檀弓并祔祭揔釋故喪中之祭揔爲喪祭而言其實卒哭既爲吉祭祔祭在卒哭後是吉祭可知也○**成葬而祭墓爲位**成葬丘已封也天子之冢蓋不一日而畢位壇位也先祖形體託於此地祀其神以安之冢人職曰大喪既有日請度甫竁遂爲之尸○疏成葬至爲位○釋曰云成葬者謂造丘墳已訖以王之靈柩託於此土故祭后土之神使安祐之當設祭位於墓左也○注成葬至之尸○釋曰成葬丘已封也者案冢人以爵等爲丘封之度據彼有丘封之文故依而言之云天子之冢蓋不一日而畢者案檀弓云有司以几筵舍奠於墓左反日中而虞注云所使奠墓有司來歸乃虞也則虞祭在奠墓後以其王之墳蓋高四尺故日中虞祭待奠墓有司來歸此上文既云詔相喪祭則虞祭訖矣於下乃云成葬祭墓爲位則虞祭不待奠墓有司來歸者由天子之冢高大蓋不一日而畢故設經喪祭在成葬之上也引冢人職者證祭墓爲位時冢人爲尸以祭后土也○**凡王之會同軍旅甸役之禱祠肄儀爲位**肄習也故書肄爲肆儀爲義杜子春讀肆當爲肄義爲儀若今時肄司徒府也小宗伯主其位○肄以志

反習也沈音四李似二反〔疏〕凡王至爲位○釋曰言王有會同軍旅甸役之事皆有禱祠之法云肄儀爲位者斆者禱祠皆須豫習威儀乃爲之故云肄儀也當習威儀之時則小宗伯爲位也**國有禍烖則亦如之**謂有所禱祈○〔疏〕國有至如之○釋曰禍烖謂國遭水火凶荒則有禱祈之事故云亦如之**凡天地之大烖類社稷宗廟則爲位**禱祈禮輕類者依其正禮而爲之○〔疏〕凡天至爲位○釋曰天烖謂日月食星辰奔殞地災謂震裂則類祭社稷及宗廟則亦小宗伯爲位祭之○注禱祈至爲之○釋曰凡言類者皆謂依事類而爲之但求福曰禱禱輕得求曰祠祠禮重則祠者依正祭之禮也則禱禮輕者雖依正禮祭饌略少**凡國之大禮佐大宗伯凡小禮掌事如大宗伯之儀**〔疏〕凡國至之儀○釋曰凡言大禮者王親爲之者小禮者羣臣攝而爲之者小禮小宗伯專掌其事是法如大宗伯之儀但非王親行則謂之小禮也

肆師之職掌立國祀之禮以佐大宗伯佐助也○

疏 肆師至宗伯○釋曰肆師是宗伯之考每事皆佐宗伯
此經與下爲目其立國祀之禮則下經所云立大祀已
下是也○立大祀用玉帛牲牷立次祀用牲幣立小
祀用牲鄭司農云大祀天地次祀日月星辰小祀司命已下玄謂大祀又有宗廟次祀又有社稷五祀五嶽
小祀又有司中風師雨師山川百物○牷音全疏立大至用牲○釋曰此則佐宗伯之事案大宗伯有禋祀已下
并宗廟六享之事此肆師陳用玉帛牲牷之等○注鄭司至
百物○釋曰司農云大祀天地至司命以下先鄭據大宗伯
直據天神大次小而言唯天神中兼言地而已其於地示不
言次小人鬼之中又不言大次小故後鄭就足之耳後鄭云
大祀又有宗廟者以其先鄭於大祀中無人鬼故後鄭特舉
之云次祀又有社稷五祀五嶽者此後鄭特舉社稷已下者
以先鄭次祀中不言血祭社稷已下故也云小祀又有司中
風師雨師山川百物者此後鄭見先鄭天神小祀中唯云司
命以下其言不備故具之山川百物就足先鄭地示小祀耳
若然後鄭直云大祀又有宗廟更不言宗廟次小祀者但宗
廟次祀即先公是也不言之者已於酒正云次祀鷩冕毳冕
所祭已具於彼故也又不言宗廟小祀者宗廟小祀其神不

明馬君雖云宗廟小祀殤與無後無明文故後鄭亦不言也經言立大祀用玉帛牲牷者天神中非直有升煙玉帛牲亦有禮神者也地示中非直瘞埋中有玉帛牲亦兼有禮神玉帛牲也宗廟中無煙瘞埋直有禮神幣帛與牲又不見有禮神之玉或可以灌圭爲禮神之玉亦通一塗立次祀用牲幣者天神日月星辰地示血祭社稷五祀五嶽是也宗廟次祀已下與大祀同亦直有禮神幣帛而已

以歲時序其祭祀及其祈珥

序第次其先後大小故書祈爲幾杜子春讀幾當爲祈珥當爲餌玄謂祈當爲進禨之禨珥當爲衈禨衈者釁禮之事雜記曰成廟則釁之雍人舉羊升屋自中中屋南面刲羊血流于前乃降門夾室皆用雞其衈皆於屋下割雞門當門夾室中室然則是禨謂羊血也小子職曰掌珥于社稷祈于五祀是也亦謂其宮兆始成時也春秋僖十九年夏邾人執鄫子用之傳曰用之者何蓋叩其鼻以衈社也○及其祈及注禨同巨既反或匠依反珥而志反注衈同刲苦圭反俠室古洽反劉古協反

疏 以歲至祈珥○釋曰言歲時序其祭祀者即上立大祀已下至小祀皆依歲之四時次序其大小先後也及其祈珥謂釁禮之事用毛牲即曰祈用羽牲即曰衈○注序第至社也○釋曰云序第次其先後者不必先

大後小天地人之鬼神各有大次小或小而應先或大而應
後各自當其時以祭之故云第次其先後也云故書祈爲幾
杜子春讀幾當爲祈珥爲餌者皆無義所取故鄭不從之也
玄謂祈當爲進禨之禨者案禮記玉藻沐畢云進禨鄭以爲
沐而飲酒曰禨彼禨爲禨福之義此直取音讀不取其義云
珥當爲衈者經言珥是玉珥非取血之義故讀從雜記下血
傍爲之也云雜記曰成廟則釁之雍人舉羊升屋自中中者謂
升上其屋當屋脊之中央云門夾室皆用雞者謂廟門及兩
廂夾室三處皆用雞其衈皆於屋下者謂三處皆不升屋而
在屋下殺雞也云割雞門當門夾室中室者中謂當室中央
云然則是禨謂羊血也者鄭既引雜記之衈欲破經珥及子
春餌之意也云小子職曰掌珥于社稷祈于五祀是也者引
證血傍爲之以證衈義也其祈字猶不從故彼注引秋官士
師曰凡刉衈則奉犬牲毛牲曰刉羽牲曰衈此刉衈正字與
若然刉既正字而讀從進禨者且從故書禨音耳至士師別
爲正解也云春秋傳曰者公羊傳文引之者謂證衈是取血
以釁之事 **大祭祀展犧牲繫于牢頒于職人** 展省閱也職讀
爲樴樴可以繫牲者此職人謂充人及監門 〔疏〕大祭至職
人○職劉之弋反戚音弋注樴同監古銜反 人○釋曰

肆師以將有天地宗廟大祭祀牧人以牲與充人之時肆師省閱其牲看完否及色堪爲祭牲乃繫于牢頒付于職人也○注展省至門人○釋曰鄭讀職爲樴者但三百六十官皆有職司若言職則無所指斥若爲。樴爲聲謂置臬之時樴樴然作聲故讀從樴可以繫牲者也云此樴人謂充人及監門人者案充人云祀五帝繫于牢芻之三月凡散祭祀之牲繫于國門使養之故知樴人是此二官也言此樴人對彼樴人不要是充人監門人也牛人所云樴人者彼鄭注充人并牧人在其中矣此有監門人者謂兼祭諸神司中之等

凡祭祀之卜日宿爲期詔相其禮眡滌濯亦如之 宿先卜祭之夕〔疏〕凡祭至如之○釋曰言凡祭祀之卜日謂天地宗廟之等將祭前有散齊七日致齊三日十日矣若然卜日吉則齊今云祭祀之卜日宿爲期則是卜前之夕與卜者及諸執事者以明旦爲期也云詔相其禮者謂肆師詔告相助其卜之威儀及齊戒之禮云眡滌濯亦如之者謂祭前之夕視滌濯祭器亦詔相其禮故云亦如之

祭之日表齍盛告絜展器陳告備及果築鬻相治小禮誅其慢怠者

粢六穀也在器曰盛陳陳列也果築鬻者所築鬻以祼也故書表爲剽剽表皆謂徽識也鄭司農云築煑築香草煑以爲鬯○果古亂反下同鬻音煑相息亮反下相其禮及注同剽芳遥反或劤遥反識式志反又昌志反【疏】祭之至怠○釋曰云祭之日表齍盛告絜者當祭之日具其黍稷等盛於簠簋陳於廟堂東又以徽識表其名又告絜淨云展器陳告備者謂祭日旦於堂東陳祭器實之既訖則又展省視之而告備具故云展器陳告備也云及果築鬻者謂於宗廟有祼案禮記雜記築鬱臼以椈杵以梧而築鬱金煑以和秬鬯之酒以泲之而祼祼矣云相治小禮者謂羣臣行事則肆師相治之云誅其慢怠者謂執事之人有惰慢懈怠者則誅責之○注粢六至爲鬯○釋曰爾雅云粢稷也彼特訓粢爲稷者以稷爲五穀之長其揔而言之六穀皆是粢故此經據六穀爲粢故鄭云粢六穀也案食醫和王六食黍稷稻粱麥苽六食即膳夫云六穀一物故鄭云六穀也鄭司農云築煑築香草煑以爲鬯者此言築鬻鬱人云祼事和鬱鬯謂取鬱金煑和秬鬯之酒泲以祼神及賓客故二鄭俱言之云皆謂徽識也者以剽表字雖不同俱是徽識也於六粢之上皆爲徽識小旌書其黍稷之名以表之餘饌不表獨此表之者以其餘器所盛各異覩器則知其實此六穀者簠盛稻粱簋盛黍

稷皆有會蓋覆之覩器不知其實故特須表顯之也但鬱人自掌鬱此又掌之者彼官正職此肆師察其不如儀者也○

掌兆中廟中之禁令兆壇塋域〔疏〕掌兆至禁令○釋曰案小宗伯云兆五帝於四郊已下則四郊之上神兆多矣皆掌不得使人干犯神位七廟亦然故云掌其禁令也○注兆壇塋域○釋曰凡爲壇者四面皆塋域圍之若宮牆然故云兆壇塋域也

凡祭祀禮成則告事畢

大賓客涖筵几築鬻此王所以禮賓客○〔疏〕大賓至築鬻○釋曰案大行人云上公再祼而酢侯伯一祼而酢子男一祼不酢大宗伯云大賓客攝而載祼則此官主以築鬱金煑之和鬯酒也筵几云涖謂司几筵設之肆師臨之也○注此王至賓客○釋曰言此以對彼彼則上經築鬻禮宗廟神也○

贊果將酌鬱鬯授大宗伯載祼○〔疏〕注酌鬱至載祼○釋曰此據大宗伯職而言案小宰亦云賓客贊祼者容有故相代也○

大朝覲佐儐爲承儐○〔疏〕注爲承儐○釋曰此言大朝覲爲承儐謂大會同朝覲時若四時常朝則小行人爲承儐小行人所云者是也○

共設匪罋之禮設於賓客

之館公食大夫禮曰若○不親食使大夫以侑幣致之豆實實于罋簋實實于筐匪其筐字之誤與禮不親饗則以酬幣致之或者匪以致饗○罋於貢反食音嗣下同誤與音餘下侯與同〔疏〕共設至之禮○釋曰此肆師不掌飲食而共設者肆師主禮事謂依禮使掌客之等及諸官告設之也○注設於至致饗○釋曰鄭知設於賓客之館者凡待賓客之禮饗食在廟其器不用匪罋今言共設筐罋明是王不親饗食於賓館設之可知引公食禮者欲見此經與彼同是不親食之事又欲破筐從筐之事也云字之誤與者無正文約同彼故云與以疑之也云禮不親饗則以酬幣致之者此亦公食大夫禮文云或者匪以致饗者鄭君向引公食大夫須破匪從筐又言饗禮者饗禮亡無妨致饗時用匪不用筐但無正文故云或以疑之也

饗食授祭授賓祭肺〔疏〕注授賓祭肺○釋曰饗大牢以飲賓獻依命數食者亦享大牢以食賓舉依命數云授祭者謂祭先造食者案膳夫云授王祭則此授祭者非授王可知故鄭云授賓祭肺也必知祭肺者有虞氏祭首夏后氏祭心殷祭肝周祭肺肺周所祭故知祭者祭肺也

與祝侯禳于畺及郊侯禳小祝職也畺五百里遠郊百里近郊五十里〔疏〕與祝至及

郊○釋曰侯者候迎善祥禳者禳去殃氣故肆師與小祝爲此侯禳二事于畺及郊凡侯禳從內向外應先言郊後言畺令先言畺到言之者可遠則遠可近則近任當時之宜故到文以見義也○注侯禳至十里○釋曰知畺五百里者王畿千里中置國城面五百里故大司馬云方千里曰國畿也知遠郊百里者司馬法文知近郊五十里者案尚書君陳序云分正東郊成周鄭彼注云成周在近郊五十里案今河南洛陽相去則然以其漢法於王城置河南縣於成周置洛陽縣相去見五十里是近郊五十里故云東郊也

大喪大渳以鬯則築鬻築香草煑以爲鬯以浴尸香草鬱也〔疏〕大喪至築鬻○釋曰上小宗伯大喪以鬯渳則肆師與之築鬱金香草和鬯酒以浴尸使之香也

令外內命婦序哭序使相次秩〔疏〕令外至序哭○釋曰案下注六鄉以出及朝廷卿大夫妻皆爲外命婦其內命婦即下經內命女是也謂三夫人已下至女御也○注序使相次秩○釋曰哭法以服之輕重爲先後若然則內命婦爲王斬衰居前諸臣之妻從服齊衰者居後也

禁外內命男女之衰不中灋者且授之杖外命男六鄉以出也

内命男朝廷卿大夫士也其妻爲外命女喪服爲夫之君齊衰不杖内命女王之三夫人以下不中法違升數與裁制者鄭司農云三日授子杖五日授大夫杖七日授士杖此舊説也喪大記曰君之喪三日子夫人杖五日既殯授大夫世婦杖無七日授士杖文玄謂受杖日數王喪依諸侯與七日授士杖四制云○衰七雷反注同中丁仲反注同爲夫于僞反下爲取同〔疏〕禁外至之杖○釋曰外内命男女爲王雖有齊斬不同其衰皆有升數多少及裁制故禁之使依法也云且授之杖者外内命男及内命女皆爲王斬者○有杖授之其外命女爲王齊衰無杖故云且見不定之義也○注外命至制云○釋曰云内外男女者無正文鄭以意言之以王宮爲正朝廷在王宮内爲内命男故以六鄉六遂及公邑大夫等皆爲外命男其妻揔爲外命女者此對三夫人已下既爲内命女則此朝廷及六鄉以外卿大夫妻爲外命女可知云喪服爲夫之君齊衰不杖者是喪服不杖齊衰章文云内命女王之三夫人以下者通九嬪二十七世婦八十一御妻皆爲王斬衰而杖也云不中法違升數與裁制者諸臣妻爲夫之君義服衰六升諸臣爲王義服斬衰三升半冠六升三夫人已下爲王正服斬衰衰三升是其數也言裁制者據喪服云凡衰外削幅裳内削幅幅三袧已下具有裁制司

農所云三日授子杖五日授大夫杖七日授士杖雖云舊說仍是四制之文也玄謂王喪依諸侯者王喪諸臣等無授杖之日數以諸侯之臣與王之臣同斬衰杖竹故授杖日數亦宜同也以檀弓云天子崩三日祝先服鄭注云祝佐含斂先病明子與夫人亦服矣則天子之子及后亦服矣五日官長服注官長大夫士明天子三公已下及三夫人已下亦服矣但服杖俱時有服即杖矣唯天子服授杖亦當七日矣是以王喪約同諸侯之法也

凡師甸用牲于社宗則爲位社軍社也宗遷主也尚書傳曰王升舟入水鼓鐘亞觀臺亞將舟亞宗廟亞故書位爲涖杜子春云涖當爲位書亦或爲位宗謂宗廟○甸音田下大甸同

〔疏〕凡師至爲位釋曰師謂出師征伐甸謂四時田獵二者在外或有祈請皆當用牲社及宗時皆肆師爲位祭也○注社社軍至宗廟○釋曰云社軍社也者在軍不用命戮於社又君以軍行祓社釁鼓故名軍社也鄭知宗遷主者曾子問云師行必以遷廟主行載于齊車故知遷主也尚書傳曰王升舟已下者謂說武王於文王受命十一年觀兵之時武王於孟津渡河升舟大水在前鼓鐘亞亞王舟後觀臺亞者觀臺可以望氣祥亞鼓鍾後將舟亞者以社主主殺戮而軍將同故名社主爲將將舟亞在觀臺

後宗廟亞者宗廟則遷主也亞在將帥後引之者證在軍有社
及宗之意也異義公羊說天子有三臺有靈臺所以觀天文
有時臺以觀四時施化有囿臺所以觀鳥獸魚鼈諸侯卑無
靈臺不得觀天文有時臺囿臺左氏說天子有靈臺諸侯有
觀臺若然文王時已有靈臺今武王而曰觀臺
者鄭君之意觀臺則靈臺對文有異散文則通

類造上帝封于大神祭兵于山川亦如之

造猶即也爲兆以類禮即祭上
帝也類禮依郊祀而爲之者封謂壇也大神社及方嶽也山
川蓋軍之所依止大傳曰牧之野武王之大事也既事而退
柴於上帝祈于社設奠於牧室○造七報反注造猶同牧戚音茂

疏

類造至如之○釋曰上經用牲於社
宗據在軍下云師不功據敗退後即此經據尅勝後事告天
及社之事○注造猶至牧室○釋曰諸文皆云造于禰類于
上帝造屬於禰此以類造同云于上帝則造與類同屬于上
帝故鄭云造猶即與造門之造同也云爲兆以類禮即祭上
帝者若依國四郊則自有尋常兆域今戰訖而祭故須新爲
壇兆故鄭云爲兆也鄭知類禮依郊祀而爲之者此直是告
祭非常非是禱祈之所祭故知依正禮郊祀而爲之謂四時
迎氣於四郊皆是也云大神社及方岳知者以其命所報告

皆是出時告者以出時類于上帝宜于社造於禰今大神文在上帝下而云封祭之明是社也知兼有方岳者見小宗伯云軍將有事于四望謂將戰時今戰訖所告明兼祭方岳方岳即四望也云山川蓋軍之所依止者以其山川衆多不可並祭軍旅思險阻軍止必依山川故知祭軍所依止者也云大傳者禮記大傳篇云牧之野武王之大事也者牧誓序云時甲子昧爽武王與受戰於牧野鄭注云紂近郊三十里名牧是武王伐紂之事故云大事云既事而退者武王與紂於牧地戰紂敗退入紂都自焚於宣室武王入紂都既封建乃退向牧地而柴於上帝者以實柴祭帝即此經類于上帝一也云祈于社者即此經封于大神一也云設奠於牧室者謂祭行主文王於牧野之室於此文無所當連引之者欲見此經亦當有祭行主不言者文不備也

凡師不功則助牽主車

助大司馬也故書功爲工鄭司農工讀爲功古者工與功同字謂師無功肆師助牽之恐爲敵所得

疏 凡師至主車 釋曰師不功謂戰敗云助牽主車者主中有二爲社之石主遷廟木主也○注助助至所得○釋曰知助助大司馬也者案大司馬職云若師不功則厭而奉主車故知此肆師助大司馬也若然案小宗伯云立軍社奉主車謂未敗時若敗即大司馬奉之

凡四時之大甸獵祭表貉則爲位貉師祭也貉讀爲十百之百於所立表之處爲師祭造軍法者禱氣勢之增倍也其神蓋蚩蚘或曰黃帝○貉莫駕反鄭音陌後表貉皆同蚘音尤

〔疏〕凡四至爲位○釋曰案大司馬仲冬教大閱教戰訖入防狩田既陳乃設驅逆之車有司馬表貉于陳前此時肆師爲位而祭也○注貉師至黃帝○釋曰知貉師祭也者爾雅云是類是禡故知貉爲師祭也云貉讀爲十百之百者鄭以聲讀之必名此祭爲貉者以其取應十得百爲十倍之義云祭造軍法者凡言祭者祭先明是先世創首造軍法者也云禱氣勢之增倍也者謂禱祈使師有氣勢望得所獲增益十倍還釋貉字之意也云其神蓋蚩尤或曰黃帝者案史記黃帝與蚩尤戰于涿鹿之野俱是造兵之首案王制云天子將出類乎上帝注云帝謂五德之帝是黃帝以德配類則貉祭祭蚩尤是以公羊說曰師出曰祠兵入曰振旅祠者祠五兵矛戟劒楯弓鼓及祠蚩尤之造兵者謹案三朝記曰蚩尤庶人之强者何兵之能造故鄭云或曰黃帝也故禮說云黃帝以德行蚩尤與黃帝戰亦是造兵之首故漢高亦祭黃帝蚩尤於沛庭也

嘗之日涖卜來歲之芟芟芟草除田也古之始耕者除

田種穀甞者甞新穀此芟之功也卜者問後歲宜芟不詩云載芟載柞其耕澤澤○芟色銜反柞側百反

疏甞之至之芟○釋曰秋祭曰甞以其物新熟可甞而爲祭名也正甞甞祭日肆師涖卜來歲之芟者以其餘事卜則大宗伯涖卜或大卜涖卜此及下三事皆肆師涖卜也則陳龜貞龜命龜示高作龜使卜師卜人之等爲之○注芟芟至澤澤○釋曰芟芟草對柞是殺木引詩者欲見載芟即此經芟也云載柞者柞是除木於經雖無所當欲見有草則芟之有木則柞之者是治田以稼種故并言之也云其耕澤澤者旣除草木則耕之澤澤和柔也

獮之日涖卜來歲之戒

秋田爲獮始習兵戒不虞也卜者問後歲兵寇之備○獮思淺反

疏獮之至之戒○釋曰謂肆師正當出獮田之日則卜來歲之戒不虞之事○注秋田至之備○釋曰秋田曰獮大司馬職文云始習兵戒不虞者鄭解不於春芟夏苗涖卜來歲之戒必於秋獮之日爲戒者以其春教振旅夏教茇舍非正習兵秋教治兵之日故於是戒不虞也言不虞者虞度也以兵寇之事來否不可億度當豫戒備之故鄭云卜者問後歲兵寇之備也

社之日涖卜來歲之稼

社祭土爲取財焉卜者問後歲稼所宜

疏社之至之

稼○釋曰類上文嘗獨是秋則此社亦是秋祭社之日也言涖卜來歲之稼者祭社有二時謂春祈秋報報者報其成熟之功今卜者來歲亦如今年宜稼以不但春稼秋穡不言穡而言稼者秋穡由於春稼故據稼而言之○注社祭至所宜釋曰案郊特牲云社祭土而主陰氣也取財於地取法於天又孝經緯云社者五土之摠神故云社祭土而取財焉

若國有大故則令國人祭 大故謂水旱凶荒所令祭者社及禜酺○禜音詠酺音蒲又音步

疏 注大故至禜酺○釋曰知大故是水旱凶荒者以凶荒謂年穀不熟知所命祭是社及禜酺者經云命國人祭案地官州祭社黨祭禜族祭酺於六遂之中亦縣祭社鄙祭禜鄭祭酺皆是國人所祭之事也

歲時之祭祀亦如之 月令仲春命民社此其一隅

疏 歲時至如之○釋曰云歲時之祭祀者上經據禱祈非時祭故此經見其常祭也云亦如之者亦命國人祭也○注月令至一隅○釋曰凡言歲時者謂歲之四時月令唯見一時故鄭云此其一隅也若然月令唯言春者特舉春祈而言舉一隅可以三隅反則餘三時亦祭也

凡卿大夫之喪相其禮 其相

適子〔疏〕注相其適子○釋曰鄭知相適子者庶子無事適子則有拜賓送賓之事且卿大夫適子爲天子斬衰故知所相者適子也

凡國之大事治其禮儀以佐宗伯治謂如今每事者更奏白王禮也故書儀爲義鄭司農云義讀爲儀古者書儀但爲義今時所謂義爲誼〔疏〕凡國至宗伯○釋曰案小宗伯已云佐宗伯此又言之者但肆師與小宗伯中下大夫命數是一故二人同佐宗伯無嫌也案大宗伯云治其大禮小宗伯云相治小禮此又云治其禮儀者謂佐大小宗伯治之謹習其事也

凡國之小事治其禮儀而掌其事如宗伯之禮〔疏〕凡國至之禮○釋曰此一經於職末揔結之也

鬱人掌祼器祼器謂彝及舟與瓚〔疏〕注祼器至與瓚○釋曰知祼器中有彝及舟者此經下文云和鬱鬯以實彝又見司尊彝云春祠夏禴祼用雞彝鳥彝皆有舟秋冬及追享朝享皆云焉故知有彝舟也知有瓚者案禮記王制云諸侯賜圭瓚然後爲鬯尚書序云平王錫晉文侯秬鬯圭瓚皆與秬鬯相將則下文祼玉是也故知

祼器中有瓚瓚則兼圭瓚璋瓚也

凡祭祀賓客之祼事和鬱鬯以實彝而陳之

築鬱金煑之以和鬯酒○鄭司農云鬱草名十葉爲貫百二十貫爲築以煑之鐎中停於祭前鬱爲草若蘭○鐎子遥反劉似消反本又作鐎音同李又即脩反

〔疏〕凡祭至陳之○釋曰天地大神至尊不祼至於山川及門社等事在鬯人亦無祼事此云祭祀唯據宗廟耳其賓客祼則大行人云公再祼之等是也云和鬱鬯者謂和鬯人所造秬黍之鬯酒也爲宗廟賓客用鬱者則肆師築鬱金草煑之以和鬯酒更和以盎齊泲之以實彝陳於廟中饗賓客及祭宗廟之處也○注築鬱金煑之以和鬯酒至若蘭○釋曰鄭知築鬱金草煑之者見肆師云築鬻故知之也司農云十葉爲貫百二十貫爲築者未知出何文云以煑之鐎中停於祭前者此似直煑鬱停之無鬯酒者文略其實和鬯酒也云鬱爲草若蘭者蘭則蘭芝以其俱是香草故比類言之案王度記云天子以鬯諸侯以薰大夫以蘭芝士以蕭庶人以艾此等皆以和酒諸侯以薰謂未得圭瓚之賜得賜則以鬱耳王度記云天子以鬯及禮緯云鬯草生庭皆是鬱金之草以其和鬯酒因號爲鬯草也

凡祼玉濯之陳之以贊

祼事祼玉謂圭瓚璋瓚〔疏〕凡祼玉濯之陳之以贊祼事○釋曰
云祼圭尺有二寸禮記郊特牲云灌以圭璋用玉氣也○注
祼玉謂圭瓚璋瓚○釋曰案禮記祭統云君用圭瓚祼尸太
宗用璋瓚亞祼鄭云太宗亞祼容夫人有故攝焉
若然王用圭瓚后用璋瓚可知故鄭并言之也詔祼將
之儀與其節節謂王奉玉送祼早晏之時〔疏〕詔祼至其節○釋曰云祼將之儀者即是
奉玉送祼之威儀云節者即早晚時節故兩言之○注節謂
至之時○釋曰云奉玉謂王與后祼時奉瓚而酌鬱鬯云送
祼者謂送之以授尸尸得祭之嚌之奠
之不飲故上文司農云停於祭前也凡祼事沃盥〔疏〕
凡祼事沃盥○釋曰凡言非一若賓客則大宗伯祼大喪
若祭祀王及后祼皆鬱人沃以水盥手及洗瓚也
之渳共其肆器肆器陳尸之器喪大記曰君設大盤造冰焉大夫設夷盤造冰焉士併瓦盤無
冰設牀襢第有枕此之謂肆器天子亦用夷盤○造七
報反下同併薄冷反襢章善反沈又音但第側几反〔疏〕
注肆器至夷盤○釋曰肆訓爲陳故鄭云謂陳尸之器也云
喪大記云君設大盤造冰焉大夫設夷盤造冰焉者此謂二

月已後至八月鄭注喪大記造猶內也引漢禮大盤廣八尺長丈二深三尺赤中夷盤小焉云士併瓦盤無冰者則盛水以寒尸士喪禮君賜冰用夷盤云設牀禮第有枕者此謂陳尸之牀設冰於其下云天子亦用夷盤者凌人職云大喪共夷盤冰此夷盤則諸侯大盤之類與大夫夷盤同名耳大小則異也

及葬共其裸器遂貍之　遺奠之彝與瓚也貍之於祖廟階間明奠終於此○貍亡皆反遺遣棄戰反

疏　注遺奠至於此○釋曰知葬共裸器據遣奠時者以葬時不見有設奠之事祖祭已前奠小不合有彝器奠之大者唯有遣奠故知於始祖廟中厥明將葬之時設大遣奠有此裸器也此即司尊彝云大喪存奠彝者是也以奠無尸直陳之於奠處耳言貍之於祖廟階間者此案曾子問無遷主者以幣帛皮圭以爲主命行反遂貍之於祖廟兩階之間此大遣奠在始祖廟事訖明亦貍之於階間也云明奠終於此者自此已前不忍異於生設奠象生而無尸自此已後葬訖反日中而虞則有尸故士虞禮云男男尸女女尸以神事之謂之祭異於生故云明奠終於此也

大祭祀與量人受舉斝之卒爵而飲之　斝受福之嘏聲之誤也王酳尸尸嘏王此其卒爵也少牢饋食

禮主人受嘏詩懷之卒爵執爵以興出宰夫以籩受嗇黍主人嘗之乃還獻祝此鬱人受王之卒爵亦王出房時也必與量人者鬱人贊祼尸量人制從獻之脯燔事相成〇畢古雅反嘏古雅反酳侯吝反又音脣燔音煩

疏大祭至飲之〇釋曰此大祭祀云受嘏謂祭宗廟者也云與量人受舉嘏之卒爵而飲之者謂王酳尸後尸嘏王之節也〇注斝受至相成〇釋曰鄭知斝是受福之嘏非天子奠斝殷爵名者案郊特牲云舉斝角詔妥尸其時無鬱人量人受爵飲之法唯有受嘏時受王卒爵飲之禮故破斝為受福之嘏也云王酳尸尸嘏王此其卒爵也者此約少牢特牲禮故鄭即引少牢以為證也云少牢饋食禮主人受嘏詩懷之卒爵者天子諸侯祭有二灌朝踐饋獻大名二獻之事乃有陰厭迎尸入戶尸食訖王酳尸大夫士無饋獻已前之事直有陰厭已後酳尸之事天子諸侯祭禮亡故陰厭已後取少牢特牲續之今獻鬱人量人之節當大夫獻祝及佐食之時云主人受嘏詩懷之者謂陰厭後迎尸入升席坐尸食訖主人酳尸尸酢主人在尸東西面受尸酢時尸命祝嘏主人以大福遂以黍稷肺授主人詩承也主人承之內於懷中挂於季指乃拜而飲卒爵也云執爵以興出宰夫以籩受嗇黍者嗇黍即所斂聚黍稷肺授之者也云主人嘗之乃還獻祝此鬱人受王之

卒爵亦王出房時也者大夫士有獻祝及佐食無獻鬱人量
人法天子有獻鬱人量人之禮無祝及佐食之事但其節同
故引爲證也云必與量人者鬱人贊祼尸者即上文贊祼事
詔祼將之儀是也云量人制從獻之脯燔者案量人云凡祭
祀饗賓制其從獻脯燔之數量是也云事相
成者前祼後獻祭事乃成故云事相成也

鬯人掌共秬鬯而飾之秬鬯不和鬱者飾之謂設巾〔疏〕鬯人至飾之○
釋曰云掌共秬鬯者此直共秬黍之酒無鬱也故注云不和
鬱者也鄭知飾之謂設巾者此上下雖無設巾之事案冪人
云以疏布巾冪八尊以畫布巾冪六彝凡王巾皆黼凡尊皆
有巾冪明秬鬯之酒尊亦設巾可知故知所飾者設巾也

凡祭祀社壝用大罍壝謂委土爲墠壇所以祭也大罍瓦罍○壝唯癸反劉欲鬼反
罍音雷或郎追反〔疏〕注壝謂至瓦罍○釋曰壝謂委土爲
墠音善又音禪墠壇所以祭者謂四邊委土爲壝於
中除地爲墠墠內作壇謂若三壇同墠之類也此經云社壝
謂若封人及大司徒皆云社壝皆直據外壝而言也知大罍
是瓦罍者瓬人爲瓦簋據外神
明此罍亦用瓦取質略之意也

禜門用瓢齎禜謂營酇所祭門國

門也春秋傳曰日月星辰之神則雪霜風雨之不時於是乎禜之山川之神則水旱疫癘之不時於是乎禜之魯莊二十五年秋大水鼓用牲于門故書瓢作剽鄭司農讀剽爲瓢杜子春讀齋爲粢瓢謂瓠蠡也粢盛也玄謂齋讀爲齊取甘瓠割去柢以齊爲尊○禜音詠瓢婢遥反齋音齊在兮反杜音資鄭作管反瓠匹召反蠡力兮反或郎戈反去起呂反柢音帝

〔疏〕注禜謂至爲尊○釋曰鄭知禜謂營鄭者欲見祭神非一取營鄭而祭之義故也鄭知門是國門者禮記祭法云天子祭七祀有國門故知也春秋傳者昭元年子產辭彼先云山川後云日月此先云日月者鄭君所讀春秋先日月與賈服傳不同故也彼無不時此有之者鄭以義增之非傳文引之者證禜是營鄭而祭之義引莊二十五年傳者證有門之義但彼譏伐鼓用牲其大水祭門是也玄謂齋讀爲齊者以其割齊爲尊亦取質略之意故不從子春也

廟用脩凡山川四方用蜃凡祼事用概凡疈事用散祼當爲埋字之誤也故書蜃或爲謨杜子春云謨當爲蜃書亦或爲蜃蜃水中蜃也鄭司農云脩謨概散皆器名玄謂廟用脩者謂始禘時自饋食始脩蜃概散皆漆尊也脩讀曰卣卣中尊謂獻象之屬尊者彝爲上罍爲下蜃

畫爲蜃形蚌曰合漿尊之象概尊以朱帶者無飾曰散○脩
音卣羊久反又音由中罇也祼音埋出注概古愛反諨予逼
反散素旱反注及下注同獻素何反蚌步項反注祼當至
反曰合音合本亦作含漿如字本又作將〔疏〕曰散○釋
曰鄭破祼爲埋者若祼則用鬱當用彝尊不合在此而用概
尊故破從埋也埋謂祭山林則山川用蜃者大山川司農云
脩讀概散皆器名者先鄭從古云讀後鄭亦不從之矣玄謂
廟用脩者謂始禘時者謂練祭後遷廟時以其宗廟之祭從
自始死已來無祭今爲遷廟以新死者木主入廟特爲此祭
故云始禘時也以三年喪畢明年春禘爲終禘故云始也云
自饋食始者天子諸侯之祭自灌始有朝踐饋獻乃有饋食
進黍稷大夫士禮無饋獻已前事直有饋食始即特牲少牢
皆云饋食之禮是也今以喪中爲吉祭不可與吉時同故略
同大夫士禮且案大宗伯宗廟六享皆以祼爲始當在鬱人
用彝今不用鬱在鬯人用卣尊故知略用饋食始也若然鄭
知義遷廟在練時者案文二年穀梁傳云作主壞廟有時日
於練焉壞廟壞廟之道易檐可也改塗可也爾時木主新入
廟禘祭之是以左氏說凡君薨祔而作主特祀主於寢畢三
時之祭朞年然後烝嘗禘於廟許慎云左氏說與禮同鄭無
駮明用此禮同義與穀梁傳合賈服以爲三年終禘遭烝嘗

則行祭禮與前解違非鄭義也鄭知脩蜃概散皆漆尊也者以稱散凡物無飾曰散直有漆明概蜃之等漆外別有飾故知皆尊也鄭以脩從卣者詩與尚書及爾雅皆爲卣脩字於尊義無所取故從卣也云卣中尊謂獻象之屬者案下司尊彝職云春祠夏禴祼用雞彝鳥彝朝踐用兩獻尊饋獻用兩象尊皆有罍諸臣之所酢是尊者彝爲上罍爲下獻象之屬在其中故云中尊獻象之屬更云彝爲上罍爲下者欲推出卣爲中尊之意也云之屬者秋冬及追享朝享皆彝爲上罍爲下著尊壺尊之等在其中也云蜃畫爲蜃形者亦謂漆畫之云蚌曰含○漿尊之象者蚌蛤一名含漿含漿則是容酒之類故畫爲蜃而尊名也云概尊以朱帶者玄纁相對既是黑漆爲尊以朱帶落腹故名概概者横概之義故知落腹也云無飾曰散者以對概蜃獻象之等有異物之飾此無故曰散云疈事者即大宗伯云疈辜祭四方百物者也

大喪之大渳設斗共其釁鬯 斗所以沃尸也釁尸以鬯酒使之香美者鄭司農云釁讀爲徽○設斗依注音主

【疏】注斗所至爲徽○釋曰鄭云釁尸以鬯酒使之香美者案肆師云大喪築鬻則此鬯酒中兼有鬱金香草故得香美也司農云釁讀爲徽者以鬯釁尸故以徽爲莊飾義也

凡王之齊

事共其秬鬯給淬浴。○淬七内反 疏注給淬浴○釋曰鄭知王齊以鬯爲洗浴以其鬯酒非如三酒可飲之物大喪以鬯浴尸明此亦給王洗浴使之香美也

凡王弔臨共介鬯以尊適卑曰臨春秋傳曰照臨弊邑鄭司農云鬯香草王行弔喪以彼之故曰介玄謂曲禮曰摯天子鬯王至尊介爲執致之以禮於鬼神與檀弓曰臨諸侯畛於鬼神曰有天王某父此王適四方舍諸侯祖廟祝告其神之辭介於是進鬯○介音界被豆彼反又皮尊反爲執于僞反與音餘畛之忍反致也父音甫本又作甫

疏凡王至介鬯○釋曰介副也王弔臨諸臣則有副使從行者天子所往停在諸侯之廟祝致辭告廟介使則進此鬯於神前故云介鬯○注以尊至進鬯釋曰云以尊適卑曰臨者欲解臨非如雜記云上客臨彼謂哭臨也此王弔諸侯諸臣故以以尊適卑解之引春秋者昭二年齊晏嬰辭引之者證以尊適卑稱臨之義司農云鬯香草者見王度記云天子以鬯諸侯以薰禮緯亦云鬯草生庭故知鬯香草也此直是秬鬯無香草故後鄭不從也云王行弔喪被之故曰介者先鄭之意以介爲被似若春秋被練之義故云被之後鄭亦不從玄謂曲禮曰者下曲禮文云摯天子鬯者彼摯下與天子鬯諸侯圭卿羔已下爲目此天子以

圭爲摯君卿羔之類但天子至尊不自執使介爲摯致之以禮於鬼神與者無正文蓋置於神前故云與以疑之云檀弓日者此亦下曲禮文言檀弓者誤案彼注云眇致也謂使祝告至于鬼神王至尊臣不名君故云某父且字也

附釋音周禮注疏卷第十九

盧氏宣旬校定

大清嘉慶二十一年用文選樓藏本校

知南昌府張敦仁署鄱陽縣候補知州周澍栞

周禮注疏卷十九校勘記　阮元撰盧宣旬摘録

附釋音周禮注疏卷第十九

小宗伯

兆五帝於四郊　說文土部云垗畔也爲四時界祭其中周禮曰垗五帝於四郊从土兆聲按許君葢讀兆爲垗說文兆分也周禮故書用假借字故作兆漢讀考云於當作于○按許所據周禮實作垗非改字今亦未辨兆爲故書與今書凡若此類不可肊決

彼據禮神五幣而言　惠挍本作玉幣此誤

彼雖無三皇五帝之文　監毛本皇誤王此本此頁補刻亦誤王今從閩本訂正

明并祭五帝三王可知　盧文弨云此三王二字當衍

萬物燥落　閩本同監毛本燥誤熯惠挍本作𨁍

是五嶽四竇者　閩監毛本竇改瀆

亦順所可知故略不言也　毛本脫也字順所下有在字

五禮吉凶軍賓嘉　余本閩監毛本同嘉靖本軍賓作賓軍此本疏中標起訖云注用等至軍嘉與大宗伯注合今本非○按說見卷十七

士二豆三俎　惠挍本閩本同監毛本三改四

先鄭云五禮吉凶賓軍嘉者　閩監毛本賓軍誤倒

辨廟祧之昭穆　葉鈔釋文作之祧

案尚書五服五章才　此本五誤云據閩監毛本訂正才古哉字閩監毛本改哉

唯在外野獲　閩監毛本外野誤倒

掌四時祭祀之事序　惠挍本作序事此誤倒

凡國大貞卜大遷之等　盧文弨云通考引作大封此作遷誤〇按今疏不誤通考誤也大卜本職可證況下文云不言大遷者文略也注不妨略疏何妨補其略

視亨腥孰　余本岳本嘉靖本閩本同監毛本孰改熟疏同

共大宰省牲者　盧文弨云大宰無省牲之文疑仍是大宗伯之誤

以時將瓚果　唐石經岳本嘉靖本同余本閩監毛本果改祼井上以待果將注云果讀爲祼

贊王幣爵之事　浦鏜云玉誤王

以人道宗廟有祼　孫志祖云據小宰注以當作惟

小祭祀掌事如大宗伯之禮　惠挍本於此分節　小祭至之禮一節疏在此經下

受其將幣之齎　釋文齎本又作賫挍賫俗字

謂遷主亦載於齊車以行也　惠挍本遷下　有廟此脱

以其載社在於軍中補案在疑是主字之誤

故鄭注社主蓋以石之惠挍本注作云閩監毛本石下有爲按注作蓋用石爲之

郊有壟神之兆余本岳本閩監毛本神同誤臣宋本嘉靖本作神賈疏引注同并有申釋之義今據以訂正

親斂者此本及余本親作謂嘉靖本閩監毛本作親按賈疏亦作親斂者且云以其諸處更不見主斂事者云云是本作親字今據訂正

鄭注執事是大祝之屬者閩本同監毛本注作知

西面北上績惠挍本閩本同監毛本績誤請

鄭大夫讀竈皆爲穿漢讀考竈作黽按皆字涉下誤衍禮說云說文竈穿地也漢書王莽掘平共王母丁姬故冢時有羣燕數千銜土投穿中師古曰穿謂壙水經注引漢書穿中作竈中則竈讀爲穿信矣

杜子春讀竁爲毳　漢讀考作讀毳爲竁謂經文亦本作甫毳

聲如腐脆之脺　余本閩監毛本同誤也岳本作腐脃之脃嘉靖本作腐脆之脆當訂正此上作脆下作脺誤疏中同釋文腐脆之脃舊作脺誤今注本或有作脃字者經義雜記曰注疏本作腐脆之脺正從舊本作脺其上一字作脆乃依陸本竄改耳古人多以聲借通用不得以字書未收而疑爲誤也

以卒去無時哭哀殺　惠挍本卒作其此誤閩監毛本改爲以卒哭更誤

若今時肆司徒府也　嘉靖本若上有謂與漢制考所引正合此脫

皆須豫習威儀乃爲之　此本乃誤尸因形相近也據儀禮通解續訂正閩監毛本改作而爲之

但求福曰禱禱輕　浦鏜云禱下脫禮

是法如大宗伯之儀　閩本剜改是作其監毛本承之

肆師

珥當爲衈 禮說云雜記釁廟衈於屋下東山經曰祠毛用一犬祈聃注云聃音餌以血涂祭爲聃也公羊傳蓋叩其鼻以聃社今本公羊誤作血社穀梁作衈社周禮皆作珥古文少假借多

門夾室皆用雞 葉鈔釋文作俠室余本載音義同

夾室中室 余本岳本嘉靖本閩本同監毛本誤夾屋葉鈔釋文作俠室○按漢人多假俠爲夾

此職人謂充人及監門人 余本閩監毛本同誤也嘉靖本及惠挍本作職人賈疏引注同當據正

若爲樴爲聲○按樴爲聲上當有从木从戠四字

謂祭日且於堂東陳祭器實之 浦鏜云旦誤且

築鬱臼以椈 浦鏜云椈誤椈

鼓鍾亞嘉靖本同余本閩監毛本鍾作鐘按尚書大傳亞作惡鄭注同云惡讀爲亞彼既破惡爲亞故此直引作亞下同

但服枝俱時浦鏜云同誤俱從儀禮通解校

祇佐含斂先病浦鏜云服誤病

不中法余本嘉靖本閩本同監毛本法改灋疏及下祭表路注同

又欲破篚從筐之尊也閩監毛本篚作匪此本下亦皆作匪

今言共設篚雜閩本作共設筐雜筐即篚之訛監毛本共誤如篚作匪

則以酬幣致之嘉靖本酬作醻俗體

筐筥實于筐匪共筐字之誤與毛本二筐字誤篚

小行人所云者是之也補案之字誤衍

觀臺可以望氣 [illegible]閩監毛本氣作氛是

類造至之事 閩本同誤也監毛本改作至如之

云大神社及方岳知者 閩本同監本改作也者毛本又誤爲也方

知兼有方岳者 閩本同監毛本岳改嶽下同

爲師祭造軍灋者 孫志祖云爾雅疏引注重一祭字較明

其神蓋蚩蚘 諸本同釋文作蚩蚘賈疏作蚩尤○按蚘俗字也

故於是戒不虞世 浦鏜云也誤世

案郊特云 補案云上當有牲字

社及禜酺 釋文出酺也二字今本脫也

治謂如今每事者更奏白王禮也 諸本同閩本剜改者作著浦鏜云著誤者○按

者是著非

鄭司農云義讀爲儀　嘉靖本無云漢制考所引同今本衍

鬱人也　經義雜記曰說文鬯部鬱芳艸也从臼冂缶鬯彡其飾也一曰鬱鬯百州之華遠方鬱人所貢芳艸合釀之以降神鬱今鬱林郡也又林部鬱木叢生者从林鬱省聲是鬱鬱不同郊特牲釋文云鬱字又作鬱知經典本與說文合也

掌祼器　唐石經諸本同按大宗伯小宗伯肆師三職皆經作果注作祼此亦當同今經不作果者蓋因注言祼器淺人遂據注以改經矣

十葉爲貫百二十貫爲築以煮之鐎中　諸本同釋文作焦中云本又作鐎漢讀考云說文鬯部鬱字下曰芳艸十葉爲貫百廿貫築以煮之爲鬱許說同先鄭此築上爲字誤衍且周禮經文言築鬻多矣安得云百二十貫爲築也

設牀襢第　余本岳本嘉靖本同釋文亦作襢毛本第誤第

鬯人

案冪人云 此本冪誤幕據閩監毛本訂正

壝謂委土爲墠壇 釋文作壇墠此倒

張人爲瓦簋 浦鏜云瓬誤張

則水旱疫癘之不時 余本岳本閩本同監毛本誤倒嘉靖本作疫癘此作癘亦非也○按今左傳作厲疫

鼓用牲于門 余本嘉靖本閩本同監毛本用牲下增于社二字非考賈疏亦祇有于門也

杜子春讀齎爲粢 釋文齎杜音資漢讀考云據釋文則知注本作資資盛也者資取藉意謂藉以盛酒也

廟用脩 嘉靖本脩作修

凡祼事用概　唐石經諸本同葉鈔釋文概作摡○按从手者非

蚌曰合漿　余本嘉靖本閩監毛本同釋文作合將云本又作含漿按賈疏作含漿惠挍本同○按令爾雅作含漿

爾時木主新入廟　惠挍本同閩監毛本爾改是

云蚌曰合漿　閩本同監毛本合作含此本下亦作含按賈疏云是容酒之類則當本作含○按合含一語之轉

摯天子鬯　嘉靖本閩本同余本岳本監本摯作摰毛本訛擊

介爲執致之　余本閩本監本同毛本致誤攺嘉靖本作以介爲摯致之按釋文出爲執二字賈疏云天子至尊不自執使介爲執致之則余本爲是嘉靖本衍以字執誤摯非也

君卿羔之類　浦鏜云若誤君

使介爲摯致之　閩本剷改摯爲執監毛本承之

故云某父且字也　閩監本且改某毛本改其誤甚○按且者薦也凡表德必以一字爲伯仲之薦去伯仲而單舉下一字云某甫謂之且字見於周禮禮記公羊傳注者段玉裁類列之作且字攷

周禮注疏卷十九挍勘記終

南昌袁泰開挍

傳古樓景印